내 고향 서천의 든든한 버팀목이 되고 싶은 사람

서해연어

서 용 제 지음

오늘의문학사

국립중앙도서관 출판시도서목록(CIP)

서해연어 : 내 고향 서천의 든든한 버팀목이 되고 싶은 사람 / 지은이: 서용제. -- 대전 : 오늘의문학사, 2013
p. ; cm
ISBN 978-89-5669-584-6 03810 : ₩15000
자서전[自敍傳]
990.99-KDC5
920.02-DDC21 CIP2013026505

서용제입니다.

아내 장정호와 결혼하던 날

즐거웠던 시절 친구들과 함께

포병시절 동기들과 함께

제15기 경기지방공무원 신규임용후보자반 수료기념(맨 앞줄 앉은 자리 최우측)

최형우 내무부장관으로부터 모범공무원 표창을 받는 모습

김두관 행정안전부 장관으로부터 서기관 임용장을 받는 모습

제9대 서산시부시장 취임식장에서 취임인사하는 모습

서산부시장 재임 중 관내 모내기에 참여해 이앙기를 운전하는 모습

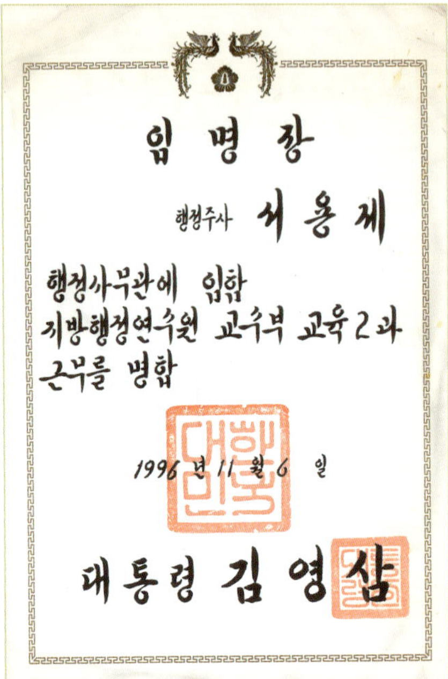
임 명 장

행정주사 서용제

행정사무관에 임함
지방행정연수원 교수부 교육2과
근무를 명함

1996년 11월 6일

대통령 김영삼

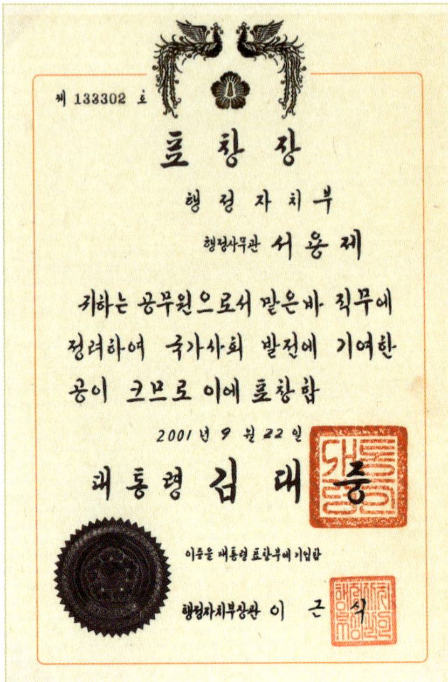
제 133302 호

표 창 장

행정자치부
행정사무관 서용제

귀하는 공무원으로서 맡은바 직무에 정려하여 국가사회 발전에 기여한 공이 크므로 이에 표창함

2001년 9월 22일

대통령 김대중

이 증을 대통령 표창부에 기입함
행정자치부장관 이근식

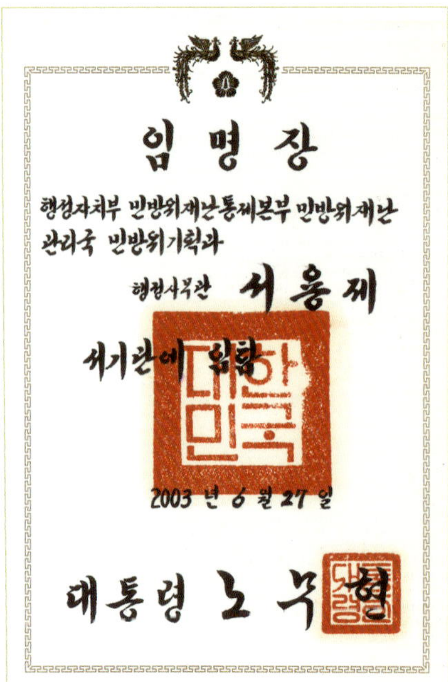
임 명 장

행정자치부 민방위재난통제본부 민방위재난관리국 민방위기획과
행정사무관 서용제

서기관에 임함

2003년 6월 27일

대통령 노무현

홍조근정훈장 제 29164 호

훈 장 증

충청남도
지방이사관 서용제

귀하는 공무원으로 재직하는 동안 직무를 성실히 수행하여 국가 사회 발전에 이바지한 공로가 크므로 대한민국 헌법에 따라 다음 훈장을 수여합니다

홍조근정훈장

2013년 6월 30일

대통령 박근혜

국무총리 정홍원

이 증을 근정훈장부에 기재합니다
안전행정부장관 유정복

나, 서용제는 서천군 장항읍 원수리에서 평범한 농부의 아들로 태어나 어떻게든 현실의 어려움을 극복해야겠다는 목마름으로, 늘 새로움을 갈망하며 어린 시절을 보냈다. 무엇이든 손에 잡히면 해결해 내야 마음이 놓이고, 남이 알아주지 않더라도 나 자신을 채찍질해 가며 우직하게 한 우물을 파는 모습으로 살아왔다.

"우리는 왜 더 잘 살 수 없나?" 라고 생각하며 "노세 노세 젊어서 노세" 가 아니라 "우리도 한 번 잘 살아보세" 를 마음 속으로 외치면서 현실을 극복하기 위해 몸부림쳤다.

돌이켜 보면 소년기에 서천에서 느끼지 못했던 우리 사회 속 어려운 사람들의 심정을, 대학 진학을 위해 서울에서 재수생활을 할 때 자연스럽게 깨달을 수 있었던 것 같다. 재수 생활을 할 때 어려운 생활의 연속이었지만 '지금 더 노력하지 않으면 시간이 갈수록 내 인생이 더 어려워지겠구나' 라는 생각을 하며 자신을 담금질했다. 그러나, 내 의지와는 달리 희망하는 대학에 진학하지 못하고 군에 입대했다. 육군 포병하사로 차출돼 포 한 문과 주어진 탄약을 관리하고 소속 대원들을 인솔하는 역할을 맡았다. 공부만 하던 백면서생이 사회를 배우고, 부하를 다스리는 지휘력을 익혔다.

타향인 경기도에서 처음 시작한 공직생활에서는 남에게 뒤지지 않아야겠다는 자세로 노력하여 면서기에서 시청, 도청의 요직을 거쳐 중앙 부처인 내무부에 입성하게 됐다. 내무부에서 근무하는 동안 서천인의 긍지를 잃은 적이 없었다. '고향 서천을 위해 할 수 있는 일이 무엇일까' 를 늘 생각했고 타 지역과 내 고향을 비교해 보면서 더욱 발전시켜야 한다는 사명감을 가졌다.

지금껏 지방과 중앙을 오가며 공직생활을 하면서 겪은 다양한 사례를 바탕으로 행정 경험을 살릴 뿐 아니라 요소요소에서 만나 교감을 나눴던 많은 훌륭한 분들과의 인맥을 최대한 활용해 고향 발전을 위해 일 해야겠다는 마음을 다졌다. 행정을 수행하면서 그때그때 익힌 경험과 노하우를 사장시키기가 아깝다는 생각에서 그간의 과정을 정리해 보기로 마음먹었다.

돌이켜 보면 나는 치열하게 경쟁하고 배우며 젊은 시절을 보냈다. 중도 포기를 결심할 만큼 어렵고 모진 시련도 많이 겪었다. 작은 시골 마을에서 태어나 성장한 나는 젊은 시절 중앙 부처에서 근무하는 동안 전국 각지에서 모여든 인재들과 늘 경쟁했다. 대해(大海)에서 몸집도 키우고 견문도 넓히며 성장한 나는 이제 연어처럼 고향의 계곡으로 돌아가 여생을 마무리하겠다는 선택을 했다. 나의 축적된 경험이 후배들에게 도움을 줄 수 있기를 기대하며 이 책을 정리해 보았다.

이 책은 모두 3부로 제작됐다. 본론을 채우기에 앞서, 그간 자별하게 지낸 분들이 나에 대해 어떻게 평가하고 있는지 옮겨 적어보았다. 격려해 주신 분들께 무한한 감사의 마음을 전한다. 제1부는 그동안 각

언론사에 기고했던 글들을 모았다. 기고한 시점과 현 시점의 상황이 다를 수 있겠으나 당시의 시각으로 정리한 글임을 밝힌다. 제2부는 주제별로 나의 관심사를 소신대로 정리해 보았다. 제3부는 태어나서 자라고 공직생활 한 시간을 순서대로 정리해 보았다. 자료를 정리하며 순간순간 흥분되는 기분도 느꼈다. 가깝게는 자식들로부터 나아가 나와 같은 생각을 하고 있는 후배들이 이 책을 보면서 새로운 결의를 다지고, 용기를 내어 소망하는 꿈을 이루기를 바라며, 이 책이 그 밑거름이 되길 소망해 본다.

이 책의 제작 과정에 직·간접적으로 도움을 주신 많은 분들께 깊이 감사의 마음을 전한다. 책의 제작 방향을 논의해 주고 틈틈이 퇴고를 통해 거친 글을 옥고로 다듬어 준 금강일보 김도운 부장에게 감사의 인사를 전한다. 직접 제작에 나서 편집 방향을 잡아주고 미흡한 원고를 훌륭한 책으로 완성해주신 '오늘의문학사' 리헌석 대표님께도 감사드린다. 이 외에 책의 제작과정에 조언해주신 많은 분들께 머리 숙여 인사드린다. 언제나 내 곁에서 우리 가정의 야당 당수 역할을 하며 나를 보살펴주고 쓴소리도 마다하지 않은 아내 장정호 씨에게도 감사의 마음을 전한다.

항상 마음을 두고 사랑해주시는 선배와 후배, 동료 여러분들과 더불어 6만 서천군민, 경향 각지에서 서천사랑을 실천하시는 모든 출향인들께도 고마운 마음을 담아 이 책을 바친다.

2013년 내포신도시에서 서용제

CONTENTS

머리말 … 9

❍ 내가 아는 서용제는

18 **김호택** 로타리클럽 제3680지구 전 총재·금산연세소아과 원장

20 **신영희** 판교, 백제산삼농원 대표

22 **김경제** 장항읍발전협의회장

24 **최병광** 서천서부수협 조합장

26 **문정숙** 화양면여성의용소방대장

28 **이혜숙** 종천면 화산봉가든 대표

제1부 어떻게 소통할 것인가

32 꼴찌 유감

36 히딩크가 필요한 까닭

40 기후변화에 대처하자

44 전문가들의 세상

48 역전경주에 담는 3·1운동의 정신

52 세계 속의 천수만

56 추석과 벌초(伐草)의 이야기

59 어떻게 소통(疏通)할 것인가

CONTENTS

63 '새주소' 더 큰 세상으로 나아가는 길라잡이
67 자율관리어업 10년이 지난 지금
70 구제역 교훈삼아 AI방역 최선 다하자
74 최근의 농업재해를 보며…
77 농업재해 사진예방으로 피해 최소화
81 비브리오 패혈증 예방은 이렇게…
85 가축전염병에 대한 소고
90 농촌 일손돕기에 모두 나서자
93 6·2 지방선거, 지방자치 축제로
96 축제(祝祭)에 한마디…
99 無信不立 정신으로 우리의 저력을 보일때…
102 구제역, 정확히 알고 대처합시다
105 맞춤형 예방대책으로 '산불 최소화'

제2부 서해로 돌아온 연어

110 열녀로 소문난 할머니
114 자랑스러운 나의 부모님
117 내 아내 장정호(張貞好)
120 30년 피우던 담배를 단번에
124 "술 잘 마시면 일도 잘 한다?"

CONTENTS

130 내 인생의 좌표가 된 천주교

134 새로운 눈을 뜨게 해준 서천금강로타리클럽

139 농업에 대한 생각

145 어업에 대한 생각

148 학사모를 씌워준 방송통신대학교

152 공직에서 나의 길잡이가 되신 분들

155 스포츠에 대한 생각

158 인구가 힘이다

162 히딩크와 한국 축구

165 서해로 돌아온 연어

제3부 내 인생의 목표를 흔든 지방자치제

170 내 고향 서천, 장항

173 장항의 옛 모습

177 법관을 꿈꾸던 아이

181 하루 12㎞를 걷고 배를 두 번 타고

185 고달팠던 4년

189 포병 서하사

192 처음 직장인이 되다

194 면사무소 서기로 시작한 공무원

CONTENTS

198 공무원의 기본자세를 배우다

200 과천시 출범의 주춧돌을 놓다

202 승진을 거부한 공무원

206 경기도청 입성

209 내무부로 가다

212 내 인생의 목표를 흔든 지방자치제

215 마침내 충남도의 품에 안기다

217 인삼엑스포의 신화창출

220 군수와 배짱이 잘 맞았던 부여 부군수 시절

223 서천 부군수로 가고 싶었지만

226 고위공직자로 접어들다

229 충남의 농업, 임업, 수산업 관리 책임자가 되다

234 새로운 것을 배운 서산부시장 2년

238 시장 권한대행 79일

242 정든 공직을 떠나다

245 충남체육의 총감독

내가 아는 서용제는

얽힌 매듭을 명쾌하고 정확하게 풀어나가는 사람

김호택 금산 연세소아과 원장

2006년, 금산세계인삼엑스포를 앞둔 금산은 어수선했다. 전 세계에서 처음으로 치르는 인삼엑스포 준비가 쉽지 않았다. 부서 간, 협조체계도 미비했고, 무엇을 어떻게 해야 하는지 잘 아는 사람이 아무도 없었기에 갈등을 해결하기도 힘들었던 시절이다.

오죽하면 사무총장을 맡았던 분이 병이 나서 중도에 하차하는 일까지 생겼다. 이완구 지사가 이 어려운 자리의 적임자로 삼고초려해서 지명한 분이 바로 서용제 사무총장이었다. 서 총장은 부임하자마자 난마와 같이 얽힌 매듭을 명쾌하고 정확하게 풀어나가기 시작했고, 불과 두어 달 만에 인삼엑스포에 대한 금산 군민들의 걱정은 희망과 확신으로 바뀌었다.

결국, 금산인삼엑스포는 대성공을 이루었고, 당시 엄청나게 팔려 나간 인삼 덕분에 침체되었던 금산의 경기는 완전한 회복을 이룰 수 있었다. 금산문화원장으로서 서용제 총장의 활동을 옆에서 지켜보면서 많은 금산 사람들에게 '서총장이 없었다면 금산인삼엑스포의 성공도 없었다'는 말을 자주 했다.

공직자라기보다는 사업가라고 해야 할 것 같은 서 총장의 직업적인 능력에 감탄했고, 사람을 쉽게 사귀는 인간적인 매력에도 매료되었기에 이후 충남도청의 국장으로, 또 서산 부시장으로 재임하시는 중에도 항상 흠모하는 마음을 갖고 있었다. 이런 이유로 금산은 서용제 총장에게 큰 빚이 있다.

지극히 고향 서천을 생각하는 분

신영희 판교, 백제산삼농원 대표

서용제 선배님을 알게 된 것은 그리 오래 되지 않는다. 서 선배께서 충남도 농림수산국장으로 재직할 때 서천군 농업인 대표 자격으로 도가 주최하는 각종 행사를 다니면서 처음 접하게 됐다. 도의 농림수산 분야 최고 책임자가 서천분이란 사실이 너무도 반갑고 자랑스러웠다.

함께 회의를 하고, 토론을 하고, 행사를 치르면서 서 선배님이 대단한 추진력과 탁월한 업무 능력을 갖춘 분이란 사실을 알게 됐고, 이후 줄곧 연락하고 만나는 사이가 됐다. 만나는 횟수가 늘어날수록 서 선배께서 얼마나 지극히 고향 서천을 생각하는 분인지를 알게 됐다.

공석과 사석에서 자주 만나면서 서로를 많이 알게 됐다. 만나면서 느끼는 것은 서 선배는 만날수록 상대를 깊은 매력에 빠져들게 하는 사람이란 점이다. 서 선배는 자랑스러운 서천인으로 중앙정부와 지방정부를 오가며 경륜을 쌓았다. 그래서 행정의 달인이란 평가를 받는 분이다.

서 선배께서 공직생활을 하는 동안 서천에서 근무하기를 몹시도 희망했으나 번번이 기회가 닿지 않았다는 말을 전해 들었다. 그러나 자신이 처한 위치에서 최선을 다해 서천과 서천인을 챙겼다. 누구보다 그러한 점을 잘 알고 있는 나는 지역의 후배로서 진심으로 서용제 선배를 사랑한다.

맡기는 일마다 깔끔하게 처리하는 공직자

김경제 장항읍발전협의회장

서용제 선배님과는 같은 장합읍 원수리 출신이다. 이웃마을에서 나고 자랐으나 3년 차이가 나서 잘 알지는 못하는 사이였다. 2005년 평소 자별하게 지낸 이완구 전 지사를 만났을 때 "서용제라고 서천 출신 고위공직자가 있는데 일 잘하고 맡기는 일마다 깔끔하게 처리한다"고 칭찬을 했다.

그래서 서용제 선배를 알기 시작했고, 두루두루 평가를 들어보니 공직자 가운데 추진력과 포용력이 뛰어나기로 소문이 난 인물이란 사실을 알게 됐다. 도청에 근무할 때도, 잘은 몰랐지만 인접지역인 부여에서 부군수로 재직할 때는 인물 됨됨이에 대해 서천쪽으로 소문이 흘러들었고 하나같이 거물이라고 평했다.

서산 부시장으로 근무할 때도 찾아가 만난 적이 있는데, 서산에서 서천인에 대한 이미지를 향상시키는데 큰 기여를 하고 있음을 알게 됐다. 의리를 중시하고 소탈한 성격을 지닌 서 선배는 공직생활을 하는 내내 후배들에게 대단한 인기가 있었다고 들었다.

특히, 중앙정부와 충남도청에 근무할 때 충남과 서천을 위해 보이지 않게 많은 노력을 기울여 실익을 인겨주었다는 말도 여러 차례 전해 들었다. 몇 차례 공식석상에서 접했을 때 청중들 앞에서 스피치를 할 때 간결하게 꼭 필요한 말만 하는 것을 보고 좋은 인상을 가졌다.

언제나 소탈하고 겸손한 이미지를 보여주는 인물

최병광 서천 서부수협 조합장

서용제 전 국장(충남도 농림수산국장 때 알게 돼 지금도 국장이라고 부르는 게 편하다.)은 비선출직으로는 최고라 할 수 있는 자리까지 두루 공직을 경험한 인물이지만 그의 말과 행동에서 권위주의를 찾아볼 수 없다. 언제나 소탈하고 겸손한 이미지를 보여주는 인물이다.

공직자 신분 때 만나보면 민원인이 제기하는 문제점을 즉시 해결하려는 적극성을 보여 깊은 인상을 받았다. 어민들의 안전과 생활안정을 위한 '어선원 안전공제'와 '어선공제'를 시행할 때 부단히 힘써 어민들의 납부 부담을 반으로 줄이고 이를 지방비로 충당토록 한 장본인이 서용제 국장이다.

당시 서 국장께서 발 벗고 나서 지방비 예산으로 어민의 안전공제를 지원토록 해주셔서 지금도 충남의 많은 어민들이 혜택을 보고 있다. 그래서 어민들 사이에서는 얼굴은 모르지만 서용제라는 이름 석자를 또렷이 기억하는 분들이 참으로 많다. 공제와 관련된 이야기는 지금도 어민들의 입에서 회자된다.

서 국장은 농민의 아들답게 농민과 어민의 사정을 누구보다 잘 알고 있고, 그들을 도우려고 부단히 노력하는 인물이다. 고위공직자를 역임한 인물이지만 누구와 어디서라도 어울릴 줄 아는 서민형 인물이다. 서용제 국장 같은 분이 서천 출신이란 사실이 너무도 자랑스럽다.

함께 있으면 기분이 좋아지는 사람

문정숙 화양면 여성의용소방대장

서용제 선생은 친정 오빠의 친구이면서 남편의 친구로 어린 시절부터 잘 알고 지내온 사이이다. 지금도 수시로 가족끼리 만나 식사도 하고, 술 자리도 갖는 자별한 사이이다. 서용제 선생은 만나면 만날수록 매력에 빠져들게 만드는 인물이다. 정말 멋진 사람이다.

성실한 것은 기본이고 분명하고 적극적인 성격을 지녔다. 아무도 흉내내지 못할 정도로 뛰어난 친화력을 지녔다. 누구라도 짧은 시간 그와 접하면 그를 좋아하게 될 것이라고 자신있게 말할 수 있다. 업무 처리에서는 소문난 일꾼이고 대인관계에 있어서는 마술사 같은 분이다.

또한, 부모님과 조모님께도 열과 성을 다해 효를 다하신 분으로 기억하고 있다. 근동에서는 알려진 효자이다. 진실하고 의리가 있어 함께 있으면 기분이 좋아지는 사람이 서용제 선생이다.

인간미가 철철 넘쳐 흐르는 분이 서용제 선생이다. 그는 능력과 인품을 고루 갖춘 우리 서천지역이 자랑할 만한 인물이다. 가난한 농부의 아들이었지만 모든 것을 스스로 극복하고 헤쳐 나가 사회적으로 성공한 의지가 남다른 인물이다. 누굴 만나도 서용제 선생은 모든 것을 갖춘 인물이라고 자신있게 말할 수 있다.

강직한 성품과 꼼꼼한 일처리

이혜숙 종천면 화산봉가든 대표

줄곧 요직에 머물며 오랜 관록에서 묻어나듯 강직한 성품과 꼼꼼한 일처리로 조직의 화합을 이끌어 가시는 모습을 항상 먼발치서 지켜보았다. 서용제 도체육회 사무처장님이 서천 출생으로 중앙정부와 충남도청에서 눈부신 활약을 하고 있다는 소식을 들으면서 관심을 갖고 지켜보니 그에 대한 다양한 이야기를 들을 수 있었고, 그의 행동 하나하나를 면밀히 살필 수 있었다.

서해안의 유류사고 피해주민들을 위해 몸을 바쳐 그들에 대한 최선의 보상책을 찾기 위해 노력하시는 모습을 지켜봤고, 구제역 방역을 시작으로 극심한 가뭄극복과 태풍으로 지역이 피해를 입을 때마다 진두지휘하시면서 슬기롭게 극복하시는 모습을 보면서 가슴 뿌듯함을 느꼈다. 그 지휘자가 바로 서천사람이란 이유만으로.

서용제 처장님이 눈부신 활약상을 보일 때마다 고향 서천에서 그를 아는 아줌마 부대들은 힘찬 응원을 보냈다. 모여서 서용제 처장님에 대한 이야기가 오고갈 때마다 즐거웠고 가슴이 뿌듯했다. 서천인이 국민을 위해, 우리 도민을 위해 큰 일을 하고 있다고 생각하니 집안일처럼 자랑스럽게 여겨진다.

그런 서용제 처장님이 오랜 공직생활을 마치고 고향으로 돌아올 준비를 하고 계시다는 이야기를 들었다. 신성리 갈대밭의 달빛 소나타와 풀벌레 소리를 안주 삼아 소곡주 술잔 기울이며 처장님과 함께 서천의 아름다운 이야기를 나눌 수 있는 날을 손꼽아 기다려 본다.

PART 1부

어떻게 소통할 것인가

꼴찌 유감

인생을 사랑하느냐? 만일 사랑한다면 시간을
낭비하지 말라. 시간은 인생을 이루는 요소이다.
— 프랭클린(미국의 정치가)

지난 6월 13일부터 16일까지 4일간 홍성에서 개최된 제65회 충청남도민체육대회. 도민체육대회 운영 총괄책임을 맡은 나는 당연히 개막식부터 폐막식까지 전 일정이 진행되는 동안 대회본부를 지켰다. 개막식 시군선수단이 입장할 때 본부석에 앉아있던 나는 고향 서천군선수단이 운동장으로 들어서는 순간 숨이 멎을 것 같은 감동을 느꼈다. 등골이 오싹해지고 코끝이 찡해지는 감격스러움도 경험했다.

혼자 '아! 누가 시키지 않아도 자연스럽게 체취만 느껴도 숙연해지는 이것이 고향이구나'라는 생각을 했다. 나는 내가 도민체전이라는 큰 대회의 총책임자라는 사실을 잠시 망각하고 서천군선수단이 입장할 때 자리에서 벌떡 일어나 선수단을 향해 두 손을 흔들었다. 고향 선수단이 입장하는데 도저히 자리를 지키고 앉아 있을 수가 없었다.

개막식을 시작으로 4일간의 시·군 간 열전이 펼쳐졌다. 대회 마지막 날 최종 경기 성적표를 받아본 나는 참담한 마음을 감출 수가 없었다. 15개 시·군이 참가한 이번 대회에서 서천군이 꼴찌 15위에 머물렀기 때문이다. 자세히는 알 수 없으나 서천군은 열악한 군세 탓에 도민체전에 참가해 매년 하위권을 맴도는 성적을 기록했지만 최하위까지 주저앉은 것은 이번이 처음이 아닐까 싶다. 대회 기간 내내 수시로 각 시군의 성적을 파악해 저조한 성적이 나올 것을 예상했지만 설마 설마 하다가 실제 꼴찌 하는 것을 보니 서운한 마음을 삼출 길이 없었다. 꼴찌 성적표를 받아본 선수단이 얼마나 낙담을 했을까를 생각하니 마음이 아팠다. 아울러 이 소식이 알려지면 군민들은 얼마나 실망스러워할까 염려됐다. 하지만 그것은 현실이었고 내가 어찌할 수 없는 상황이었다.

대한민국 국민이라면 누구나 올림픽이 열리는 동안 한국 대표선수들의 활약에 가슴 조이며 경기를 지켜본다. 우리 선수가 금메달을 따고 시상대에 올라 애국가가 연주되는 모습을 보면 대한민국 국민으로서의 무한한 자긍심을 갖게 된다. 한국이 세계 10위권 스포츠 강국이라는 사실에 우리는 열광한다. 스포츠는 바로 그런 것이다. 국민의 사기를 진작시키는데 스포츠만한 것이 없다는 사실은 누구나 인정한다.

이런 측면에서 볼 때 서천군이 최하위의 수모를 겪은 것은 군민들에게 큰 상처가 될 수 있다. 물론 인구가 많아 저변이 발달돼 있고, 시설이 완비된 지역과 절대경쟁을 하는 것은 무리일 수 있다. 하지만 우리 서천군과 군세가 비슷한 태안군이나 금산군과의 대결에서 뒤처진 것도 속상할 일인데 군세가 우리의 절반 수준인 청양군과 계룡시에도 밀렸다는 사실은 군민 다수에게 실망감을 안기기에 충분하다.

냉전시대의 스포츠는 미국을 위시한 자본주의 체제 국가와 소련을 위시한 사회주의 국가 사이에 체제의 우월성을 입증해 보이는 도구로 활용되기도 했다. 이 때문에 여전히 스포츠 순위나 승패를 놓고 경쟁하는 것은 구시대적 발상이라는 시각을 갖는 경우가 있다. 하지만 단순 오락이나 취미로 즐기는 생활체육이 아닌 순위를 평가하는 엘리트체육은 성격이 다르다. 소속 구성원들의 사기 진작을 위해 최선을 다해 좋은 성적을 올릴 필요가 있다.

서천군이 최하위를 기록한 것은 여러모로 유감스러운 일이다. 한국이 국제대회에서 개발도상국에 밀려 하위로 주저앉으면 우리가 상처를 입고 사기가 꺾이듯 도민체전 성적부진은 지역민의 사기 저하를 유발할 수 있다. 그것이 최선을 다해야 하는 첫 번째 이유이다. 사기가 올라야 무엇이든 할 수 있다. 경제도, 산업도, 문화도 지역민들의 사기가 솟구쳐야 이룰 수 있다. 서천군이 중심이 돼 모든 군민이 마음을 모아 내년 도민체전에서의 도약을 준비하자고 제안하고 싶다. 우리는 자랑스러운 서천군민이니까.

— 2013. 06. 24. 서천신문/ 충남도체육회 사무처장

히딩크가 필요한 까닭

내일은 시련에 따르는 새로운 힘을 가져올 것이다.
— 힐티(스위스의 철학자)

●
●
●

지구상에 몇 안 되는 단일민족 국가를 형성하고 있는 우리는 타민족에 대해 다소 배타적인 성향을 갖고 있다. 수천 년 역사를 살아오면서 '우리끼리' 문화를 형성해온 탓이라 생각된다. 근대사가 시작되며 우리 민족 중 타국으로 이민을 떠나는 이들이 생겨나고, 역으로 타국민이 대한민국에 귀화해 국적을 취득하고 살아가는 이들이 생겨나며 이민족에 대한 배타감이 다소 희석됐다고는 하지만 여전히 뿌리 깊은 '우리끼리' 문화는 남아있다.

나는 개인적으로 우리민족의 고질적인 이민족 배타 문화를 혁파하는데 가장 큰 영향력을 끼친 인물이 2002년 한일월드컵 때 한국축구 대표 팀을 이끈 거스 히딩크 감독이라고 평가하고 있다. 그는 네덜란드 출생으로 우리와 전혀 다른 외모를 가졌고, 전혀 다른 문화 속에서 살아 가치관 역시 우리와는 확연한 차이를 보였다.

그러나 우리와 다른 그의 모습이 우리를 변화시켰다. 히딩크는 우리가 갖고 있던 고정관념이 얼마나 무서운 것인지를 여실히 보여주었다. 그래서 보란 듯이 한국 대표 팀을 세계 4강의 반열에 올려놓았다. 열광한 국민들은 그를 통해 이민족에 대한 배타적 감정을 상당부분 없앨 수 있었다.

히딩크 감독을 영입할 당시 많은 논란에 휩싸였다. '왜 굳이 외국인 감독을 영입해 월드컵을 치러야 하는가'가 핵심 논란이었다. 하지만 대한축구협회는 과감하게 히딩크 감독 영입을 선택했고, 그로 인해 한국 축구는 새로운 도약의 전기를 맞았다. 아울러 최단시간에 엄청난 변화의 소용돌이를 맞아 5천만 국민의 염원인 꿈의 월드컵 4강 신화를 이뤄낼 수 있었다. 히딩크는 한국축구 뿐만 아니라 사회전반에 엄청난 변화를 이끌어낸 인물이 됐다. 아직도 한국인은 히딩크 사랑에 푹 빠져있다. 그 만큼 그로부터 받은 충격이 청량한 것이었기 때문이다.

국가와 민족이 그러하듯 우리는 지역적으로도 배타적인 문화를 갖고 있다. 누가 지역을 위해 히딩크 같은 새바람과 신바람을 몰고 올 것인가를 생각하기보다는 누가 이 지역을 오래 지켰는가를 생각하는 경향이 강하다. 그것은 히딩크의 진가를 알지 못하는데서 비롯된다. 유소년 시절부터 축구선수로 활동하고 클럽축구와 국가대표팀 감독을 역임하고 축구와 관련해 산전수전을 겪어, 말 그대로 달인이 된 히딩크는 어떤 환경에서도 마법 같은 용병술을 발휘하며 자신의 진가를 발휘했다. 그가 모든 것을 보여준 뒤 그제야 국민들은 그를 영웅으로 받들었다.

대도시지역에 비해 시골지역은 온정에 호소하는 문화가 뿌리 깊고, 합리성을 앞세우기보다는 인연을 중시하는 경향이 강하다. 온정주의 문화가 수십 년 동안 변화와 발전의 걸림돌이 됐지만 그 장애물을 스스로 걷어내지 못하고 제자리에서 맴돌고 있다. 한국축구가 히딩크 감독을 과감하게 영입해오지 않았다면 지금도 자리싸움과 혈연 및 학연에 의한 선수선발, 기초체력 부족, 강압적인 조직문화 등의 병폐에서 벗어나지 못한 채 허덕이고 있을 것은 자명하다. 히딩크가 몰고 온 변화의 바람을 수용했기 때문에 우리는 변화할 수 있었다. 그가 크고 작은 무대에서 섭렵한 노하우를 받아들였기 때문에 우리는 도약할 수 있었다.

서천을 비롯한 농어촌지역은 더 이상 물러설 수 없는 극한의 상황에 내몰려 있다. 인구의 유출, 경쟁력 약화, 자립기반 붕괴 등의 갖가지 산재한 문제를 해결할 히딩크의 출현이 간절히 요구되는 시점이다. 자활을 위한 최소한의 기반마저 상실한 농어촌은 극약처방이 필요하다. 히딩크가 단기간에 대표 팀의 모든 것을 바꿔 변화를 이끌었듯이 지역의 경제와 문화를 단숨에 체질개선할 수 있는 명장의 출현이 요구되는 시점이다. 히딩크를 영입할 것인지, 아니면 소지역주의에 얽매어 동정론에 허덕이고 있을지 여부는 전적으로 지역민들의 판단에 달려 있다.

— 2013. 07. 22. 서천신문/ 충남도체육회 사무처장

기후변화에 대처하자

자연은 결코 배신하지 않는다. 우리 자신을
배신하는 것은 항상 우리들이다.
— **루소(프랑스의 철학자)**

5월을 맞아 크고 작은 체육행사가 전국 각지에서 펼쳐지고 있다. 소년체전과 생활체육체전, 장애학생체전 등 전국 규모대회의 체육대전이 이어지고 있고, 각 지역마다 시군대항 또는 읍면대항 체육대회도 이어지고 있다. 동문체육대회도 끊임없이 이어지고 있다. 이 같은 체육행사 러시는 6월에도 계속된다. 충남도민체육대회도 6월 중순에 홍성에서 개최된다. 대부분의 체육행사는 4월부터 시작해 6월까지 계속된다. 그 가운데도 5월에 집중된다.

최근 계속되는 체육행사를 직접 진행하면서 혹은 참관하거나 격려행보를 하면서 느끼는 점은 지구온난화가 날로 심해지고 있다는 점이다. 봄철 체육행사가 이어지는 것은 그만큼 체육활동에 적합한 날씨라는 점 때문이다. 하지만 막상 행사를 치뤄보고, 다녀보면 봄철 날씨가 체육행사를 치르기에 부적합할 정도로 더워졌다는 것을 느끼게 된다.

4월의 경우, 적당하지만 5월과 6월은 태양빛이 강하고 수은주가 높아 제대로 된 행사를 진행하기에 적당하지 않음을 느낀다. 그러나 우리는 관례적으로 5월에 많은 행사를 치르고 있다. 집안의 경사인 결혼식도 5월에 특히 많지만 참석해보면 더위로 인해 많은 어려움을 겪는 것을 지켜본다. 이제 5월은 초여름으로 인식해야 할 시점이 온 것 같다.

이러한 현실을 반영하듯 정부는 식목일을 현재의 4월 5일에서 대폭 앞당겨 3월 초순이나 중순으로 옮기려는 움직임을 보이고 있다. 단순히 날씨가 더워서가 아니라 그만큼 각 생물의 생육환경이 변화했다는 것을 반증한다. 각 과실의 재배 북방한계선이 올라가고 있고, 바다 속 어패류의 서식 분포도 해가 다르게 변화하고 있다. 그만큼 지구온난화는 우리의 현실에 가까이 다가서고 있다. 심각하게 고민해야 할 과제이다.

이 같은 지구온난화에 즈음하여 서천지역의 농가와 어가들도 이에 발 빠르게 대처해야 한다는 생각을 가져본다. 전통적으로 서천은 수도작 위주의 농사를 생업으로 하는 농가가 대부분을 이루고 있고, 내세울만한 특용작물도 타 지역에 비해 빈약한 편이다. 쌀도 미질이 우수한 품종보다는 미질이 다소 떨어지면서 수확량이 많은 품종을 선호해 주로 재배하고 있다.

쌀농사가 경쟁력이 없다는 사실은 누구나 인지하고 있지만 특별한 대책이 없다보니 이전부터 해오던 대로 쌀농사를 짓고 있다. 요즘 각 지역에서는 젊은 농부들이 중심이 돼 시설을 중심으로 고소득 특용작물을 재배하는데 역량을 쏟아 붓고 있다. 실패하는 경우도 많지만 다수는 성공으로 연결시켜 부농의 꿈을 이뤄가고 있다.

그래서 우리 서천도 기후변화에 한발 앞서 대처해 고소득 작물을 개발하고 집중 육성해야 한다는 생각을 가져본다. 서천과 인접한 부여는 방울토마토, 수박, 멜론, 버섯 등 고소득 작물 재배에 성공해 부농의 꿈을 실현시켜 나가고 있다. 이에 비하면 우리 서천은 한 발 늦은 감이 없지 않다. 하지만 이를 전화위복의 계기로 삼아 기후변화에 대비한 고소득 작물을 특화시킨다면 기대 이상의 효과를 낼 수 있을 것이란 생각을 가져본다.

수산업의 경우도 마찬가지로 해수 온도변화와 식생변화를 면밀히 살펴 김 위주의 양식업을 다변화 시킬 준비를 서둘러야 한다. 이미 기후변화는 우리 앞에 현실로 다가왔다. 당장 해결될 문제도 아니다. 그렇다면 이러한 환경 변화에 누가 먼저 적응하느냐는 중요한 관건이 될 수 있다. 그 새로운 변화에 대한 대처를 우리 서천이 먼저 마련하자고 제안하고 싶다.

소득이 높은 작물을 재배하고 양식하는 토대가 마련되면 도시로 떠난 젊은이들이 고향으로 돌아올 것이며 출향인이 아니더라도 새로운 희망을 찾아 서천으로 터전을 옮기는 이들이 늘어날 것이다. 서천의 새로운 출발은 여기서부터 시작돼야 한다. 사람이 먼저 몰려들어야 무엇이든 할 수 있다. 인구 유입은 서천군이 안고 있는 가장 시급한 과제이다. 기후변화에 대한 새로운 적응법 개발이 필요한 이유이다.

— 2013. 06. 10. 서천신문/ 충남도체육회 사무처장

전문가들의 세상

누구나 역사를 만들 수 있지만 위대한 자만이
역사를 쓸 수 있다.
— O. 와일드(영국의 작가)

북한의 계속적인 도발 위협이 이어지고 있다. 미사일을 쏘아 올리고 세계가 반대하는 핵 실험을 하는 등 철없는 행동을 이어오던 북한은 한미연합 군사훈련을 계기로 전쟁 도발 위협을 일삼으며 하루가 멀다 하고 긴장 국면을 유도하고 있다. 더불어 방송과 신문 등에도 이와 관련한 평론과 사설, 기사가 엄청나게 쏟아지고 있다. TV채널을 돌리다보면 이곳저곳에서 북의 전쟁도발 위협과 관련된 대담이나 뉴스가 보도된다. 낯익은 얼굴들도 더러는 있지만 대개는 생소한

얼굴의 인물들이다.

그들이 주장하는 한반도 정세와 주변국의 역할, 향후 전망 등을 들어보면 저마다 수긍이 가는 부분이 있다. 일반적인 분석에서부터 지금껏 생각해보지 못한 기묘한 예상을 들고 나오는 이도 있다. 남한과 북한이 단독으로 입장을 풀어야 한다는 주장을 펴는 이도 있고, 일부는 전적으로 미국과 중국이 사태 해결에 나서야 한다는 의견을 피력하는 이도 있다. 남과 북의 관계를 중점적으로 연구하고 분석하는 전문가들이 출연하기도 하고, 북에서 군 장교로 복무하다가 귀순한 자가 나름의 분석을 내놓기도 한다. 또 때로는 심리학 전문가가 김정은의 심리를 분석적으로 해설하며 사태에 대한 상황을 설명하기도 한다.

지난겨울 치러진 대선 때도 TV만 틀면 정치전문가를 자칭하는 수많은 이들이 출연해 나름대로의 계산법으로 판세분석을 내놓는 것을 봤다. 저마다 정치전문가라는 이름을 내걸고 있었고, 판세를 해석하는 관점도 제각각이었다. 자의적인 해석을 하는 이들도 많았지만 나름대로 상황을 객관적이고 냉정하게 분석하려는 이들도 많았다. 각 방송사가 주관하는 각종 토론 프로그램에 출연해 나름의 정치이론을 뿜어내는 이들이 족히 수백 명은 돼 보였다. '우리나라에 정치분석가 및 평론가들이 저토록 많았던가'라고 혼자 생각해보기도 했다.

한반도 문제, 정치 문제 전문가들이 백가쟁명을 하듯 나름대로의 주장을 앞세워 세상 사람들의 시선을 사로잡는 모습을 보며 한 가지 아쉬운 마음이 들었다. 군사문제, 남북문제, 정치문제, 외교문제 등등에는 저토록 많은 전문가 집단이 존재하는데 우리의 삶과 직결되는 지방 문제에 대한 전문가는 얼마나 될까를 생각해 보았다. 남북문제나 정치문제처럼 돌발적인 상황이 발생하지 않고 그저 일상적인 문제이다 보니 공개적인 토론의 장이 마련되지 않아서인지 아직까지 다양한 이론을 제기하는 전문가들의 릴레이 토론을 접해보지 못했다.

대한민국은 수도권과 비수도권의 경제적 격차가 극심하고 중앙정부와 지방정부 간 역할과 권한의 편차가 다른 어느 나라보다 크다. 그래서 민주주의의 꽃인 지방자치가 시행된 지 20년이 넘도록 제대로 정착되지 못하고 있다. 지방은 인구가 지속 유출되고, 세수가 부족해 늘 허덕이고, 중앙정부를 향해 교부금과 사업비를 요청하는 기형적 형태의 행정을 이어오고 있다. 그러면서 지역 간 편차는 더욱 심해지고, 당초 구상했던 지방자치의 취지는 무색해지고 있다. 서천군의 경우, 최악의 재정 상황을 보이고 있고 자체적으로는 아무런 행정력도 발휘할 수 없는 지경에 이르고 있다. 그러다보니 중앙정부를 찾아다니며 사업비를 확보하고 더 많은 교부금을 얻어내기 위한 활동을 하는 것이 행정의 중요 역할이 돼 버렸다.

세상에 그토록 많은 군사전문가, 남북문제 전문가, 정치전문가들이 있지만 지방자치 전문가는 왜 그리도 눈에 뜨이지 않는다는 말인가. 지방자치는 현실이지만 언제나 국민 관심의 뒷전이다. 선거를 앞두고 정치전문가들이 저마다의 주장을 펴며 국민들의 정치적 관심을 불러일으켰듯이, 북한전문가들이 현재의 남북관계를 놓고 저마다의 분석과 해법을 제시하며 국민적 관심을 불러 모으듯이 지방자치에 대해서도 전 국민의 관심을 불러 모을 수 있는 계기가 마련돼야 한다. 지방이 재정적 독립을 통해 진정으로 자치행정을 구현할 수 있는 방안에 대해 각계 전문가를 자처하는 이들이 나서야 한다. 국민적 공감을 확산하는 일이 진정한 지방자치 실현의 첫걸음이다. 전문가들의 다양한 의견제시와 문제점 해결 노력이 20년째 제자리걸음인 지방자치를 앞으로 나가게 하는 견인책이 될 것이다.

— 2013. 06. 10. 서천신문/ 충남도체육회 사무처장

역전경주에 담는 3·1운동의 정신

우리는 역사의 관찰자이기 전에
우선 역사적 존재이다.
— 딜타이(독일의 철학자)

어릴 적에는 3·1운동의 의미에 대해 깊이 알지 못했다. 그저 일제의 총칼 앞에 항거한 힘없는 우리조상들이 만세를 부르며 저항한 사건 정도로만 알고 있었다. 훗날 사회생활을 하며 갖가지 의미 있는 행사에도 참가해보고 여러 문헌을 찾아보며 3·1운동이 세계사에 길이 남을 엄청난 민족운동이었다는 사실을 인지하게 되었다. 가까운 중국에서도 우리의 3·1만세운동을 보고 엄청난 자극을 받았고, 우리 민족을 달리 보기 시작했다는 사실도 뒤늦게 알았다.

간단한 통계자료만으로도 3·1운동의 규모는 짐작해 볼 수 있다. 전국적으로 1542건의 집회가 열려 만세운동이 벌어졌고, 참가인원은 202만 3089명에 이른다. 사망자 수가 7509명에 이르고 부상자는 1만 1561명으로 집계됐다. 피검자도 자그마치 5만 2770명으로 기록돼 있다. 교회 447곳이 불탔고, 학교 2곳과 민가 715채도 소실됐다. 이 모든 기록이 일본의 통계란 점을 고려하면 실질적인 3·1운동의 파급은 엄청났을 것이란 게 짐작된다.

실로 3·1운동은 민족 전체가 참여한 기족적 독립운동이었고, 세계 각국이 우리의 항거하는 모습을 지켜보고 소스라치게 놀랐다고 한다. 3·1만세운동의 의미를 하나씩 알아가며 3·1절을 맞는 소회도 날로 새로워졌다. 조상들에 대한 존경심도 일층 더해지고 이 땅에 대한 애착심도 더해짐을 느낀다. 이 나라 이 땅의 모든 것이 아름답고 사랑스럽게만 여겨진다. 더불어 민족과 조국의 소중함을 뇌새겨 보게 된다.

2013년 충남체육회 사무처장으로 취임한 이후 업무를 파악하면서 열사들을 전국에서 가장 많이 배출한 충절의 고장 우리 충남이 3·1절을 기념하는 시군대항 역전 경주대회를 개최한다는 사실을 알게 됐다. 그것도 도내 곳곳에 산재한 민족 성지를 순회하는 코스에서 개최된다는 것을 알게 됐다. 충남도체육회가 주관하고 충남육상연맹이 주최하는 이 대회는 올해로 무려 41회를 맞는다. 전국 어느 곳에도 없는 의미 있는 대회가 우리 충남에서 열리고 있는 것이다.

이 대회는 이봉주를 비롯한 대한민국의 건각들을 배출한 권위 있는 대회로서의 의미와 함께 어린 학생들이 열사의 흔적이 깃들어 있는 성지를 직접 달리며 애국 혼을 느낀다는 의미를 갖는다. 육상을 비롯한 각 종목이 날로 선수 기근이 심화되며 이 대회 역시 선수규모가 줄어들고 불참하는 시군이 생겨나는 등 어려움을 겪고 있다. 하지만 3·1운동의 숭고한 뜻을 받들겠다는 의미는 아직도 퇴색하지 않아 어려운 여건 속에서도 면면히 대회는 진행되고 있다. 참으로 우리 충남의 자랑이 아닐 수 없다.

3·1역전경주대회를 통해 우리 충남은 스스로가 충절의 고장, 애국혼의 후배들임을 자처하는 계기로 삼았고, 전국 각지에 우리가 열사들의 후배임을 알려왔다. 다소의 어려움이 있고, 여건이 예전 같지 못하다 해도 이 대회는 우리가 끝까지 지켜내야 할 소중한 자산이다. 그래서 우리 충남인들이 이 대회에 갖는 애정은 남다를 수밖에 없고, 그런 만큼 충남인들은 이 대회를 지켜내야 할 책무를 모두가 가져야 한다. 우리 땅에서 기름진 음식을 배불리 먹을 수 있는 우리가 국권을 강탈당하고 추위와 배고픔에 떨며 독립의 그 날을 학수고대 하며 살았던 조상들을 생각한다면 이 대회를 더욱 발전시켜 나가는 것이 후손된 도리라고 본다. 체육환경이 날로 어려워지는 상황이라지만 우리는 열사들의 고장 충남인이라는 자존심을 걸고, 3·1운동의 숭고한 뜻을 받드는 역전경주대회를 지켜내야 한다. 아울러 보다 많은 관

심과 사랑을 베풀어야 한다. 우리는 자랑스러운 열사들의 후손 충남인임을 명심하자.

— 2013. 03. 04. 서천신문/ 충청남도체육회 사무처장

세계 속의 천수만

물에서 배우라! 물은 생명의 소리,
존재하는 것의 소리, 영원히 생성하는 것의 소리이다.
— 헤세

요즘 서산시 공무원들은 손님맞이에 분주하다. 이미 오래전부터 계획되었지만 행사일이 다가오면서 외국에서 오는 참석자들의 공항 도착시간을 확인하고, 워크숍 자료와 손님들을 모실 숙소와 식당을 체크한다. 회의가 열리는 한서대학교 국제회의실의 좌석과 빔 프로젝트 등 행사에 필요한 사항도 꼼꼼히 챙겨본다.

다름 아니라, 오늘부터 4일 동안 세계 15개국 16개 국제기구 철새 전문가와 국내 전문가들이 한자리에 모여 세계 철새이동 경로에 대한 서식지 보호와 습지 보존에 대하여 '2011 서산 세계 철새 이동 국제 워크숍'을 개최하기 때문이다. 국제행사는 여러 번 경험하였지만, 이번 행사는 세계 최초이면서 가장 큰 규모이기 때문에 더욱 각별하다.

전 세계적으로 철새 이동 경로는 모두 9개 지역으로 나뉘는데 그동안 이동 경로별로 진행되던 곳들의 습지가 소실되었고, 철새 보호에 대한 연구를 전 지구적으로 협력하고 확대하기 위한 자리여서 이번 워크숍의 중요성은 더욱 강조된다. 철새이동에 관한 국제 워크숍이 세계 최초로 서산시에서 개최하게 된 가장 큰 이유는 천수만 일대의 습지보존 상태가 양호하고 철새들의 정거장으로서 철새 이동 경로 연구에 매우 중요한 지역이기 때문이다.

예전에 천수만은 철새들이 많이 찾는 지역이 아니었다. 1984년 바다를 막아 두 개의 인공호수가 생겼는데 간월호(2164ha)와 부남호(1021ha)다. 넓은 지역의 여기저기에 모래톱과 갈대밭이 형성되었고 광활한 간척지에서 새들의 먹잇감도 풍부하여 자연스럽게 철새들에게는 천혜의 쉼터가 되면서 해마다 찾아오는 종과 개체수가 증가하게 되었다.

그동안 천수만 지역에서 발견된 새와 동물의 종류는 황새, 노랑부리저어새 등 천연 기념물 37종과 멸종위기 야생 동물 49종을 비롯하여 모두 327종이 발견되었고 국내 서식 조류의 60% 이상이 찾아오는 이른바 살아있는 야생 조류 박물관이라고도 한다. 특히, 하루 평균 50여만 마리의 철새들이 이동하면서 만들어 내는 군무는 한 폭의 예술 작품이다. 실제로 2006년 영국의 BBC방송사에서 제작한 다큐멘터리 '살아있는 지구' 제1편에 천수만의 군무가 소개되면서 세계적인 관심의 대상이 되어 오늘에 이르렀다.

처음부터 이곳 주민들이 철새들에게 호의적이지는 않았다. 철새들은 곡식을 갉아먹고 농작물을 어지럽혔다. 화가 난 주민들은 서식지를 불태우고 NGO단체들은 이를 막는 등 주민과 새와의 갈등이 심했었다. 하지만, 자연이 어디 인간만의 공간이던가. 생태도시로서 서산의 브랜드와 지역 경제 활성화 방안을 마련하기 위한 시민들의 꾸준한 노력을 통해 인식이 바뀌면서 철새 살리기는 본격적으로 진행되었다.

생물 다양성 관리계약 사업을 추진하여 겨울 철새의 안정적인 먹이 공급과 휴식처를 제공하였고, 친환경 영농을 통한 철새 서식지를 복원하고 주민들은 친환경 농산물을 생산 판매하여 인간과 자연이 함께 공존하고 있다. 이런 성과에 힘입어 지난해에는 한국형 생태관광 10대 모델에 선정되기도 하였다. 또한, 철새 이동의 관리와 조사를 위한 조류 모니터링 사업을 추진하여 조류 연구와 국내외 정보 공유를 통한 철새의 보호 협력 체계도 구축하고 있다.

특히, 다음 달 4일에는 2009년부터 추진해온 서산 버드랜드(Bird Land) 조성사업이 결실을 맺어 철새박물관과 4D특수영상관, 야외공연장을 우선 개장하고 야생동물 치료센터와 철새 전망대, 탄방로 및 산책로 등은 내년 말에 준공을 목표로 한창 진행 중이다.

서산 버드랜드는 앞으로 천수만을 찾는 철새와 지역의 텃새를 보호하고 연구하면서 방문객들에게 사계절 상시 개방하여 세계적인 철새 생태지역으로 자리매김하게 될 것이다. 서산 버드랜드가 하드웨어를 구축한다면, 오늘 개막하는 '세계 철새 이동경로 국제 워크숍'은 소프트웨어를 구축하는 자리다. 이번 국제 워크숍의 결과물은 오는 11월 노르웨이에서 개최되는 CMS 총회에 공식 보고되고 향후 다양한 국제 협력의 기본 의제로 활용하게 된다.

앞으로 범세계적인 철새보호와 습지 보전 활동이 활발하게 진행될 것으로 기대하면서 서산의 천수만은 그 중심역할을 하게 될 것이다. 사람이 먼저 새들에게 손을 내밀어 알맞은 환경을 조성해 주고, 사람들은 그 철새들의 유영 모습에서 여유를 찾는다. 이것이 진정한 새와 사람과의 아름다운 만남이며 소통이 아니겠는가?

오늘도 서산의 하늘에는 겨울을 나기 위한 철새들이 브이(V)자 대형을 그리며 힘찬 날갯짓을 하고 있으며 그 모습을 보면서 서산 시민들은 행복해 한다.

— 2011. 10. 17. 중도일보/ 서산시장 권한대행 부시장

추석과 벌초伐草의 이야기

알기도 어렵지만 행하는 것도 쉽지 않다.
— 호적(중국의 사상가)

추석이 보름 앞으로 성큼 다가왔다. 조상의 산소를 찾아가 벌초하는 시기가 온 것이다. 나도 지난 주말에 가족들끼리 할아버지와 할머니, 아버지와 어머니의 묘소에 가서 벌초를 했다. 대부분의 후손들은 명절 2~3주를 앞두고 선산에 모여 그동안 먹고 살기 바빠 제대로 돌보지 못한 조상님들 묘소의 풀을 베고 주변을 손질하며 조상님의 은혜를 생각한다. 조상의 묘를 가능한 한 단정하고 깨끗이 유지하기 위한 후손들의 정성어린 표현이라 할 수 있다.

성묘는 주로 봄과 가을에 하는데 봄에는 한식을 전후해서 벌초를 하고 가을에는 추석 성묘를 전후해서 하게 된다. 우리나라에서는 전통적으로 묘소의 상태가 좋지 않으면 조상에 대한 예의가 아니라고 하여 벌초에 많은 신경을 써 왔다. 그러나 그런 후손들의 예의바른 행동에 어울리지 않는 안전사고가 가끔씩 발생하여 우리를 안타깝게 하기도 한다. 추석을 앞두고 벌초하면서 일어나기 쉬운 안전사고와 이에 대한 유의사항 몇 가지를 참고로 정리해 본다.

가장 흔한 사고 중의 하나가 뱀에 물리는 것이다. 따라서 벌초하러 갈 때는 두꺼운 등산화를 착용하는 것이 좋다. 만에 하나 뱀에 물리게 되면 물린 곳을 상처 없는 입으로 여러 번 빨아내는 것도 도움이 된다. 그 다음 물린 사람을 눕혀 안정시켜 움직이지 않게 한 다음 한 뼘 정도 위쪽을 느슨하게 묶은 다음 되도록이면 빨리 의료기관으로 이송하는 것이 좋다.

벌초하면서 벌에 쏘이는 사고도 종종 발생한다. 벌은 자극적인 냄새나 화려한 색깔에 반응하므로 벌을 자극할 수 있는 진한 향수, 화장품, 헤어스프레이 등의 사용을 자제하고 밝은 색상의 옷을 피하며 긴 소매 옷을 입는 것이 좋다. 또 실수로 벌집을 건드렸을 경우에는 제자리에서 움직이지 않고 가능한 한 낮은 자세로 엎드려야 피해를 줄일 수 있다. 벌에 쏘였을 때는 신용카드 등으로 피부를 밀어 벌침을 뽑아낸 후 얼음찜질을 하고 진통소염제나 스테로이드연고 등을 바른 후 안정을 취해야 한다.

벌초 시 가장 많은 사고가 예초기에 의한 부상일 것이다. 날카로운 칼날에 직접 몸을 상하거나 예초기의 강한 회전력에 의해 돌, 나무 등이 눈에 튀어 심한 경우 실명에까지 이른다. 칼날이 돌에 부딪히지 않도록 주의하고 목이 긴 장화와 장갑, 보호안경 등 안전장구를 착용해야 부상을 예방할 수 있다. 예초기 칼날에 다쳤을 경우에는 깨끗한 물로 상처부위를 씻고 소독약을 바른 후 수건이나 천으로 감싸야 한다. 또 작업 중 작은 돌멩이나 나무조각 등 이물질이 눈에 들어갔을 때는 절대 손으로 비비지 말고 고개를 숙여 눈을 깜빡거리며 눈물이 나도록 해 자연적으로 빠져나오게 하거나 대야에 물을 받아 눈을 껌뻑거리기를 반복하는 것이 좋다.

가장 중요한 것은 이 같은 각종 안전사고 발생에 대비해 평소 응급처치법을 숙지해 적절하게 행동하는 것이 좋지만, 부득이 사고를 당했을 경우에는 119에 긴급 전화해 더 큰 사고를 막는 것도 잊지 말아야 할 것이다.

'더도 덜도 말고 한가위만 같아라'는 추석명절을 가족과 함께 오순도순 정겹게 보내기 위해서 우리 모두 오고 가는 길 안전운전에 각별히 주의하고 조금씩 양보하는 넉넉하고 여유로운 마음을 가져야 할 것이다.

— 2011. 09. 26. 서천신문/ 서산시 부시장

어떻게 소통疏通할 것인가

우리가 말한 갑절로 남의 말을 들을 수 있도록
자연은 우리에게 혀는 하나지만 귀는 둘을 주었다.
— **에픽테토스(로마 철인)**

산소탱크! 축구선수 박지성은 우리나라를 넘어 아시아대륙의 자랑이 되고 있다. 지난해 남아공월드컵 때 아르헨티나 선에서 4대 1로 패한 다음 날, 박지성은 가장 먼저 아침식사 자리에 나왔다고 한다. 모든 선수들이 식사를 마칠 때까지 그는 두 시간 넘게 이리저리 자리를 옮겨다니며 조용하면서도 자연스러운 대화를 통해 자칫 가라앉기 쉬운 우리 대표팀의 분위기를 살리려고 노력했다. 박지성은 이전까지의 주장들에게서 보였던 권위적이고 강압적인 모습을 벗어던지고 소통의 리더십을 통해 처음으로 원정 16강 진출의 신화를 이끌어냈다.

이처럼 소통이 이 시대의 화두가 된 지는 이미 오래다. 오히려 환경이 급변하고 사회가 다원화되면서 소통의 중요성은 점점 더 부각되고 있는 상황이다. 잭 웰치 GE그룹 전(前) 회장은 "경영은 소통, 소통, 그리고 또 소통이다"라는 말로 소통의 중요성을 강조했다. 마쓰시타그룹 창시자인 마쓰시타 고노스케 역시 "경영에 있어서 과거에는 관리가, 현재는 소통이 중요하며, 미래에는 소통이 가장 중요하다"는 말로 소통의 중요성을 역설했다. 그렇다면, '디지털시대'이자 '지식정보시대'로 불리는 이 시대에 어떤 소통이 바른 소통이고 어떻게 해야 제대로 소통할 수 있을까?

해답은 21세기를 대변하는 또 다른 키워드인 '감성시대'와 '골드칼라시대'에서 찾을 수 있지 않을까 싶다. '디지털시대'의 차가움을 인간적인 '따뜻한 감성'으로 보듬고 '지식정보시대'의 한계를 골드칼라의 '신선한 창의력'으로 뛰어넘어야 할 것이다. 즉, 문명이 발달하고 소통의 도구와 필요성이 증대될수록 따뜻함이 흐르는 '인간적인 소통'이 더 필요하다는 말이다. 과거에는 정보전달만을 중심으로 한 일방적 지시형 소통이 주를 이뤘다면, 이제는 이해와 배려를 통한 수평적 쌍방향 커뮤니케이션으로 소통의 중심이 옮겨졌다. 그리고 이러한 '인간적인 소통'은 '상대방이 나와 다름을 인정하는 것'에서 출발한다.

남이 틀린 생각을 가진 것이 아니라 나와 다른 생각을 가진 사람으로 인정하는 것이다. 다름을 인정했다면 그 다음으로 필요한 것은 서로에 대한 이해와 존중일 것이다. 경쟁이 치열해지면서 조직은 자체적으로 처리할 수 있는 양보다 더 많은 일을 만들어 내는 '가속(加速) 함정'에 빠지게 된다. 그 과정에서 나타나는 경쟁의 심화는 정서적 교감이나 동료의식 등 인간적인 면을 점점 사라지게 만든다.

이런 때일수록 우리는 더욱 서로를 아껴주는 '따뜻한 소통'을 통해 과중한 업무스트레스나 공감대의 부족 등으로 동료나 이웃이 자칫 그릇된 선택을 하지 않도록 옆에서 도와주어야 할 것이다. 개인이나 조직과 관련된 문제의 70% 정도는 잘못된 의사소통에서 비롯된 것이라는 조사결과를 본 적이 있다. 그런데 아이러니컬하게도 이에 대한 해결책 역시 소통이라는 사실에 미소가 번졌다. 결국 개인이든 조직이든 진정한 소통 없이는 아무것도 할 수 없다는 말이다.

영국작가 다니엘 디포가 쓴 소설 '로빈슨 크루소'가 300년이 지난 지금까지도 사랑받고 있는 이유는 인간이 '소통의 차단'이라는 난관을 극복하는 과정을 사실적으로 그리고 있기 때문일 것이다. 무(無)소통의 주인공이 주변사물이나 원주민에게 이름을 지어주고 대화하는 등 커뮤니케이션을 통해 서로를 인정하고 존중하면서 고난 속에도 인간을 완성해 가는 일련의 과정이야말로 작가가 가장 강조하고 싶었던 부분이 아니었을까.

찬바람이 불어오고 있다. 따뜻함이 흐르는 손을 맞잡고 자기중심적인 사고와 편견에서 벗어나 나와 남을 함께 아우르는 '더 큰 하나'가 될 수 있는 '인간적인 소통'이 그 어느 때보다도 필요한 때이다.

— 2011. 09. 22. 충청투데이/ 서산시장 권한대행 부시장

'새주소' 더 큰 세상으로 나아가는 길라잡이

한때는 불가능하다고 생각한 것이
결국에는 가능한 것이 된다.
— K. 오브라이언

김정호(金正浩)는 30여 년간 우리나라 방방곡곡을 누비는 방랑생활 끝에 지금으로부터 정확히 150년 전인 1861년 드디어 대동여지도(大東輿地圖)를 완성하게 된다.

김정호에게는 만나는 사람들이 길라잡이였고 마을이름이나 거리이름이 이정표를 대신했을 것이다. 5000년 우리 민족의 삶과 함께하면서 혼과 얼이 깃든 고유한 지명들이 그의 발길을 바른길로 이끌었을 것이다.

일제는 1914년 지방관제를 개편하면서 당시에 존재하던 많은 수의 군(郡)과 면(面)을 통폐합한다. 우리 민족을 말살하고 그들의 완전한 지배 아래 두기 위해서 317개의 군을 220개로, 4338개의 면을 2521개로 줄인 것이다. 그 와중에 마을들끼리 서로 합쳐지면서 우리네 삶의 향기와 역사, 그리고 고유한 지명들이 아예 흔적도 없이 사라지거나 일본식으로 바뀌게 된다.

새주소사업은 이 같은 일제강점기의 잔재를 청산한다는 역사적 사명과 함께 100년간 지속되어 온 '지번중심 주소체계'의 문제점을 해소하고 생활방식의 일대 전환으로 국가경쟁력을 강화한다는 데 그 목적이 있다.

이제 범정부 차원에서 진행해 온 도로명 주소로의 시행이 1달 앞으로 다가왔다. 지번 중심의 주소체계가 도로명중심 주소체계로 바뀌는 일대 전환점을 맞이하게 된 것이다.

주지하는 바와 같이 이미 대부분의 선진국에서는 '도로명주소'를 국제표준으로 사용하고 있다. 미국, 영국, 프랑스 등 OECD 회원국 모두가 도로명주소를 채택하고 있고 일본, 중국, 러시아 등 우리나라 주변국들도 거의가 도로이름을 주소로 사용하고 있다.

이제 우리도 도로명주소를 표준주소로 사용해야 할 때가 된 것이다. 그렇다면 우리나라의 도로명주소는 어떻게 만들어졌을까?

도로에는 고유한 이름을, 건물에는 도로를 따라 순서대로 번호를 부여해 도로명과 건물번호를 결합한 것이 우리나라의 도로명 주소이다. 각각의 도로명에는 해당 지역의 특성을 반영하고 주민의 의견을 충분히 수렴하는 과정을 거치면서 지역의 정서와 역사가 고스란히 담겨 있다.

이를 증명하듯 우리 서산시에도 곰실길, 노루골길, 금박골길, 가람물길, 왕대벌길, 한우물길, 은부리길, 배다리길 등 정겨운 이름들이 가득하다.

여기에 도로가 시작하는 지점부터 끝나는 지점까지 20m 간격으로 왼쪽에는 홀수, 오른쪽에는 짝수로 번호를 부여하고 도로의 너비를 기준으로 대로(大路 : 40m 이상 또는 8차로 이상)와 로(路 : 12-40m 또는 2-7차로), 길(기타) 등으로 구분했기 때문에 위치를 쉽고 빠르게 찾을 수 있을 뿐만 아니라 가보지 않았더라도 대략적인 위치예측이 가능하다.

도로명주소가 기존의 지번중심주소와 너무도 다른 주소체계이기 때문에 갑작스런 전환에서 오는 혼란을 우려해 동(洞)명과 아파트명을 괄호 안에 표기해 사용할 수 있도록 배려한 부분도 눈에 띈다.

이렇게 정감 있고 과학적인 새주소명을 확인하고자 할 경우에는 새주소사업 홈페이지(http://www.juso.go.kr)에서 기존 지번 주소를 입력하면 새주소를 확인할 수 있다.

이제 도로명주소는 다음 달 29일부터 공법상 주소로서 효력을 갖게 되었다. 오는 2013년까지는 현행 지번주소와 도로명주소를 병행 사용하지만 2014년 1월 1일부터는 도로명주소만 사용해야 한다.

그러면 우리나라도 100년 만에 지역성과 과학성이 결합된 세계적인 수준의 현실적인 새주소체계를 갖추게 된다.

정부는 주민등록과 건축물대장, 등기부등본, 가족관계등록부, 사업자등록, 법인등기, 외국인등록 등 행정기관의 7대 공적장부의 주소에 대한 자동변환작업을 올 연말까지 점진적으로 추진해 나갈 계획이다.

100년을 사용해 왔기에 처음에는 조금 낯설고 불편한 부분도 없지는 않겠지만, 도로명주소가 빠른 시일 내에 일상생활 속에 완전히 자리매김할 수 있도록 우리 모두가 관심을 갖고 이를 생활에 적극 활용했으면 하는 바람이다.

— 2011. 6. 29. 열린마당/ 서산시 부시장

자율관리어업 10년이 지난 지금

빨리 성장하는 것은 쉬 시들고, 서서히 성장하는 것은
영원히 존재한다.
— 호란드(미국의 작가)

미래의 우리 수산업은 어떤 모습을 하고 있을까? 안으로는 자원을 선점하기 위한 경쟁적 조업으로 어족자원은 고갈되고, 밖으로는 국가 간 무역협정 체결로 인해 수산업에 대한 압박은 날로 심화될 것으로 보인다. 또한 어업에 있어 경쟁조업과 남획, 어업인 간의 분쟁 등 체계적 관리가 부실한 상황이 지속된다면 수산업계에 대한 전망은 어두울 수밖에 없다.

이런 문제점을 해소하기 위해 정부와 지자체의 주도로 자율관리 어업이 시작된 지 10년째를 맞고 있다. 자율관리어업은 획일적인 정부 주도의 규제어업에서 어업인들 스스로가 어업관리 체제를 자율적으로 운영하는 제도로써 자원을 아끼고 보존하는데 목적이 있다. 사례 중 법으로 7㎝ 이하 크기의 전복채취를 금지하고 있으나 보령 외연도 자율관리 공동체에서는 어민들 스스로가 8㎝이상만 채취한다. 또 바지락 생산으로 유명한 태안 파도리 공동체에서는 가구당 1회 채취량이 50㎏을 넘지 못하도록 자율 관리하고 있다. 그러다 보니 한철 채취가 아닌 연중 꾸준한 소득이 이어지고 자원고갈 걱정도 덜었다.

이 같은 자율관리공동체는 지난 2001년 충남도 4개소를 포함해 전국 63개소에서 시범사업을 시작한 이후 현재 전국 835개소(충남 67개소)에서 5만 9000여 명(충남 6100여 명)이 참여하고 있다. 이를 위해 충남도가 지난 10년 동안 총 110억 원을 투자했고, 내년에도 16개소를 대상으로 31억 원을 지원할 계획이며, 매년 연차별 계획에 의거해 점진적으로 확대해 나갈 방침이다. 이 같은 추세에 따라 지난 11월 태안 정산포 공동체 등 4개소가 새로이 출범식을 가진 것을 비롯해 예당자율관리 공동체가 전국에서 성공모델로 선정됐고, 서해잠수기공동체는 키조개 자원관리 우수단체로 산업포장을 수상하는 등 곳곳에서 가시적인 성과가 나타나고 있다.

하지만 모든 면에서 긍정적인 면만 있는 것은 아니다. 일부 자율관리어업 지도자의 새로운 변화 부적응, 공동체 내 일부 어민의 비협조, 단 기간 내 성과를 나타내려는 조급증 등으로 중도 하차하는 실패사례도 나타난다. 이처럼 자율관리어업의 실패를 예방하기 위해 각 공동체에서는 해당 사업 메뉴얼에 의거해 어장환경 개선과 폐 어구 및 자가 발생 폐기물 등을 수거하고 어장 또는 해안가 청소 등 기본적인 환경개선이 철저히 선행돼야 한다.

둘째 어구(漁具)수 축소, 그물코 크기 확대, 채포금지 기간 및 금지체장 제한, 어장 휴식, 생산시기 및 생산량 조절, 특정어구 어법 사용제한, 종묘(패) 방류사업 시행 등은 소탐대실을 막는 가장 기본적 요소로 볼 수 있다.

셋째 공동생산·판매, 지역특산품 브랜드화, 어촌관광 활성화로 어업 외 소득증대 등 비용절감과 수급조절을 통한 경영개선도 간과해서는 안 될 부분으로 지적되고 있다.

넷째 민간수산단체에서는 정부와 어업인 간의 가교 역할을 담당해 자율관리 어업이 민간단체 중심으로 활성화되도록 교육·홍보, 분쟁조정, 평가, 연구 등의 뒷받침도 빼놓을 수 없는 사항이다.

무엇보다 가장 중요한 것은 어민들 스스로가 불법어업을 추방하고 수산관계법령을 준수하는 등 자정의지가 성공으로 가는 관건이나. 자율관리 어업이 우리가 고민하고 있는 수산의 모든 문제를 해소하기 위한 제도는 아니지만 이처럼 조그만 부분부터 개선해 나간다면 수산업의 미래는 과거보다 훨씬 풍요로운 어장의 보고(寶庫)로 변모될 것으로 본다.

— 2010. 12. 08. 충청투데이/ 충남도 농림수산국장

구제역 교훈삼아 AI방역 최선 다하자

자연을 무리하게 다루어서는 안된다.
자연을 왜곡하는 것은 두렵다.
— **로댕(프랑스의 조각가)**

찬 이슬이 내린다는 한로(寒露)가 지나고 어느덧 풍성한 수확의 계절인 가을의 중심에 서 있다. 하지만 그 이면에는 올 봄 구제역에서부터 여름철 잦은 비와 태풍으로 인한 과실, 채소, 벼 등에 대한 재해가 발생해 이로 인한 농심의 크나큰 아픔에 농정분야의 책임자로서 고개가 숙여진다.

그 중에서도 구제역(口蹄疫)은 올 봄 청양지역에서 발생해 우제류(偶蹄類) 가축 6590두를 매몰한 것을 비롯, 방역활동 비용으로 298

억 원 상당의 피해를 남겼다. 이런 아픔을 뒤로한 채 또 계절적으로 닭, 오리 등 가금류(家禽類) 산업에 큰 피해를 가져올 수 있는 조류인플루엔자(AI) 전염병 예방에 관심을 기울여야 할 시기이다.

AI는 2003년 12월 우리나라에서 최초 발생한 이후 충남도내에서는 천안, 아산지역에서 주로 발생하다가 2008년에는 논산지역에서 발생하기도 했다. 지금까지 AI로 인해 전국적으로 900만 마리의 가금류 등을 살처분, 피해액만 660여억 원에 이른다.

이처럼 우리는 경제적 손실은 물론 가축 이동제한조치, 매몰 등에 따른 사회적·환경적 부담과 농가들의 정신적 고통 수반이 필연적이라는 것을 잘 알고 있다.

이에 구제역, AI 등 악성 가축전염병을 사전에 막을 수는 없을까 하는 고민을 늘 되새겨 보곤 한다. 곰곰이 생각해 보면 충분히 막을 수 있는 가축질병이고, 비록 발생하더라도 그 피해를 최소화할 수 있다는 자신감도 생긴다. 왜냐하면 그동안 가축전염병 발생역학을 분석하고 각 분야 전문가의 조언을 들어보면 기본적인 방역수칙의 미준수 및 관심 부족이 질병발생의 원인이라는 것이 중론이기 때문이다.

예컨대 축산업 관련 종사자의 위험시기 발생지역 외국여행, 외국인 근로자 관리준수사항 미이행, 농가방문 수칙 미준수와 최선의 예방책인 소독마저 소홀히 한다는 것은 질병 유입의 단초가 되거나 타 지역으로 전파되는 주요요인으로 작용한다.

충남도는 3~5월에는 구제역, 11~2월에는 AI에 대해 방역해 오던 과거 특정시기 편중 방역에서 벗어나, 365일 상시방역 예방시스템으로 전환해 운영하고 있다. 또한 '가축질병현장조치 매뉴얼'에 발생·인접·비발생지역의 차별화된 방역추진 내용을 개정·보완해 일선 시·군의 자체 매뉴얼을 재정비토록 함으로써 현장에 맞는 방역체계를 갖추었다. 특히 재발방지와 전염병 발생 시 피해를 최소화하기 위해 다각적인 노력을 기울이고 있다.

첫째, 공동방제단 운영, 소독의 날 이행실태 점검, 모니터링 검사 강화 등 현장중심의 연중 상시방역체계로 전환하고 악성 가축전염병 발생가능성이 높은 매년 11월~5월까지 집중방역기간으로 설정 운영한다.

둘째, 신속진단시스템 구축을 위해 가축위생연구소 차폐검사시설 설치·운영과 간이 항원검사를 지자체에서 수행할 수 있도록 정부와 협의를 추진하고,

셋째, 축산 관련 종사자에 대한 시·군별 연1회 이상 교육, 농장출입자 방역의무 강화 등으로 자율방역의식을 고취하고 있다.

넷째, 축산농가 방역환경 개선을 위해 외국인 근로자·가축거래상인 신고제 등 제도도입과 농장출입, 사람·차량 등 기계적 전파요인 제거를 위한 소독 기반시설 지원을 강화하고 있다.

다섯째, 가상훈련으로 방역주체별 위기대응 및 초동 방역능력을 향상시켜 유사 시 일사불란한 대응체계를 구축하고자 한다.

무엇보다 AI, 구제역 등 악성 가축전염병 차단을 위해서는 '내 농

장은 내가 지킨다'는 축산 농가와 전 국민의 생활방역의식이 가장 중요하다고 보며, 이런 방역시스템이 잘 구축된다면 어떤 가축질병도 두려울 것이 없다고 확신한다.

— 2010. 10. 13. 충청투데이/ 충남도 농림수산국장

최근의 농업재해를 보며…

우리는 다른 미래를 택할 수 있다. 그러나, 우리는 과거를 묶어 둘 수는 없다.
현대 사회는 결코 기술의 과잉으로 해서 괴로워하지 않으며,
그것이 두루 비치는데 괴로워하고 있다.
— **앨빈 토플러**

지난 제7호 태풍 '곤파스'로 우리 지역의 많은 주택이 침수·파손되고, 수십 년 된 산림지 수목을 비롯해 과수, 원예, 축산, 수산업 등 전 분야에 걸쳐 큰 피해가 발생했다. 가뜩이나 충남은 지난 봄 구제역도 겪었고, 벼 수확기를 앞두고 쌀값이 하락해 농민들에게는 이중 삼중의 고통이 아닐 수 없다. 피해복구를 위해 군부대, 경찰, 민간단체, 행정공무원 등 관계 기관·단체에서 인력지원을 하고 있지만 원상태로의 복구에는 많은 예산과 인력, 시간이 소요된다.

이 같은 재난·재해로 인한 피해복구 지원도 필요하지만, 앞서 피해를 최소화할 수 있는 사전 대비책이 무엇보다 중요하다. 최근 엘리뇨, 라니뇨 영향 등으로 인해 기상이 불안정해 가장 큰 피해대상이 농업재해라고 할 수 있다. 지난 2002년 태풍 '루사', 2003년 '매미', 2004년 태풍 '메기'와 대설 등 대규모 피해가 있었으며, 올해만 해도 3월 대설피해로 인삼재배사와 농작물 등 총 56ha에 10억 원의 피해가 있었고, 1~3월에는 일조량 부족으로 채소와 화훼 등 총 2,042ha의 피해로 32억 원, 4~5월에는 저온피해로 과수 및 노지작물 피해복구에 14억 원이 지원됐다. 또 7월에는 집중호우로 3328ha의 농작물 침수피해가 있었으며, 더욱이 실종·사망 등 6명의 인명피해까지 있어 갈수록 행정의 역할이 가중되고 있는 실정이다.

그럼에도 농민들은 농업재해에 대한 정부의 지원제도가 미흡한 것으로 느끼고 있다. 이는 현재 농어업재해대책법에 의한 지원은 계획된 농작물 수확 분까지 고려한 보상이 아니라, 피해에 대한 복구지원과 최소한의 생계유지를 위한 지원이기 때문이다. 재해로 인한 소득 감소분을 충분히 보상받기 위한 안전장치로 농작물 재해보험 제도가 있으나 현재 대상품목이 사과, 배, 복숭아 등 과수 7종에 국한돼 있고, 대상재해도 태풍, 우박만 주 계약으로 돼 있어 동해(凍害), 상해(傷害), 호우피해는 특약사항으로 추가 부담을 해야 한다. 아직 재해보험 가입비에 부담을 느끼는 농민들이 많아 가입률이 높지 않은 실정으로 정부와 지자체에서는 적극적으로 대상품목을 늘리고 보험가입을 확대 지원할 계획이다.

충남도는 지난해부터 보험가입비의 20%를 추가 지원하고 있고, 매년 가입실적도 늘어나고 있다. 또한 민선 5기 공약사항으로 대상 품목을 2014년까지 30품목(벼, 시설채소, 전작물 등), 보조비율은 현재 70에서 80%로 확대 지원할 계획으로 있어 농업인에게 다소나마 도움이 될 것으로 본다. 이처럼 농작물 재해보험에 대한 지자체의 지원도 중요하지만, 사전 재해예방을 위한 농민들의 보험 의식에 대한 긍정적인 마인드 전환도 같이 병행돼야 한다. 또한 행정과 농민 모두가 기후변화에 대해 깊이 인식하고 피해예측과 사전 예방을 위해 함께 노력하는 자세와 시스템이 필요하다.

이와 함께 관련 기관·단체에서는 농업재해 사전·사후대책을 수립하고 상호 긴밀한 협조체계를 유지해 주기적으로 재해대비 사전 안전점검실시 및 피해 상습발생지를 보완·개선하고, 관계기관 및 농업인에 대한 신속한 기상예보 전파 체계가 완벽히 구축돼야 한다. 최근 예측할 수 없는 기후변화가 우리나라만의 문제가 아니라 전 세계가 골머리를 앓고 있는 상황에서 재해는 어느 특정인의 문제가 아니라 전 국민적 차원에서 대응해야 할 과제로 부상한 만큼 이번 태풍으로 인한 피해를 거울삼아 행정은 물론, 농민 스스로도 농작물과 농업시설물에 대해 안정적으로 보호하고, 복구할 수 있는 대책을 다시 한번 고민하는 계기가 돼야 하겠다.

— 2010. 09. 08. 충청투데이/ 충남도 농림수산국장

농업재해 사전예방으로 피해 최소화

대지는 인간이 살아가기 위한 보고(寶庫)이다.
— 제퍼슨(미국의 정치가)

최근 엘리뇨, 라니뇨 영향 등으로 인해 기상이 불안정하여 농업재해 위험도 더욱 증가하는 추세다. 과거에는 '02년 태풍 '루사', '04년 태풍 '메기'와 대설 등 대규모 피해가 있었으며, 올해만 해도 대설과 호우피해는 물론 과거에 사례가 없었던 일조량 부족과 저온피해로 농작물과 농업시설물에 큰 피해가 있어 농민들의 근심이 커져가고 있다. 가뜩이나 우리 道에서는 구제역도 겪었고, 벼 수확기를 앞두고 쌀값이 하락하여 농민들에게는 이중, 삼중의 고통이 아닐 수 없다.

올 3월 대설피해로 인삼재배사와 농작물 등 총 56ha에 10억원의 피해가 있었고, 1~3월에는 일조량 부족으로 인해 채소와 화훼 등 총 2,042ha에 피해가 있어 32억원의 피해복구비가 지원되었다. 또한 4~5월 저온피해로 인해 과수 및 노지작물 피해복구에 14억원이 지원되었고, 7월 집중호우로 인해 3,328ha 농작물 침수피해가 있었으며, 더욱이 실종, 사망 등 6명의 인명피해까지 있어 올 상반기만도 계속되는 농업분야를 비롯한 재해로 도민들이 겪는 아픔이 매우 큰 실정이다.

그럼에도 농업재해에 대한 정부의 지원제도는 미흡한 것으로 많은 농민들이 느끼고 있다. 이는 현재 농업재해대책법에 의한 지원은 계획된 농작물 수확분까지 고려한 보상이 아니라, 피해에 대한 복구지원과 최소한의 생계유지를 위한 지원이기 때문이다. 재해로 인한 소득 감소분을 충분히 보상받기 위한 안전장치로 농작물 재해보험 제도가 있으나, 현재 대상품목이 사과, 배, 복숭아 등 과수 7종에 국한되어 있고, 대상재해도 태풍, 우박만 주계약으로 되어 있어 동해, 상해, 호우피해는 특약사항으로 추가 부담을 해야 한다.

아직까지 재해보험 가입비에 부담을 느끼는 농민들이 많아 가입율이 높지 않은 실정으로 정부와 지자체에서는 적극적으로 대상품목을 늘리고 보험가입을 확대 지원할 계획이다. 충남도는 2009년부터 보험가입비의 20%를 추가 지원하고 있고, 매년 가입실적도 늘어나고 있다. 또한 민선 5기를 맞아 공약사항으로 대상품목은 2014년까지

30품목(벼, 시설채소, 전작물 등), 보조비율은 현재 70%에서 80%까지 확대 지원할 계획을 추진하고 있어 농업인에게 청색 신호탄이 될 수 있지 않을까 생각한다. 농작물 재해보험에 대한 지원 대상 품목 확대와 보험가입비 지원도 중요하지만, 적극적인 가입 홍보를 통해 농민들의 보험에 대한 인식 전환도 같이 병행하여 내실 있는 재해 안전망이 구축되도록 추진할 예정이다.

또한, 농업재해 발생 시 신속한 응급복구와 현실적 복구지원도 중요하지만, 우리 모두가 사전 예방을 통해 피해를 최소화하는 것이 더욱 중요하다. 즉, 행정과 농민 모두가 기후변화에 대해 깊이 인식하고 피해예측과 사전 피해예방을 위해 함께 노력하는 자세와 시스템이 필요하다. 이를 위해 농업 관계 기관별 농업재해 사전·사후대책을 수립하고 긴밀한 협조체계를 유지해 주기적으로 재해대비 사전 안전점검을 실시하며, 피해 상습발생지 및 우려시설은 신속히 보완하고 기상예보를 신속히 파악해 상황발생시 관계기관에 전파하고 농업인에 대한 핸드폰 문자메시지 전송 체계가 완벽히 구축되어야 한다.

우리 道는 여름철 태풍, 집중호우 등으로 인한 농업재해 사전예방을 위해 6월 15일부터 10월 30일까지 농업재해상황실을 설치·운영하고, 기상특보 발령시는 중앙 관련기관, 시군 및 농어촌공사, 농협 등 농업 관계 기관·단체와 비상근무 체제에 돌입하여 사전 긴급예방과 사후 응급복구 대책을 추진하고 있다.

최근 예측할 수 없는 기후변화로 전 세계가 골머리를 앓고 있는 상황에서 기후변화에 대응하기 위해서는 우리나라만의 문제가 아니라는 의식을 갖고 식량안보 차원에서도 적극 검토해야 할 사항이다. 더불어, 정부와 지자체의 노력도 필요하지만 우리 농업은 우리가 지켜내야 한다는 농업인들의 의식 전환도 함께 이루어져야 한다.

TV, 라디오 및 마을방송 등의 기상예보에 귀를 기울이고 논 물꼬, 밭고랑 배수로 등 정비 및 논·밭두렁, 농업시설물 붕괴 우려지역은 비닐피복이나 버팀목 설치 등으로 사전 예방을 추진하는 등 농업인들의 선행적 노력이 더욱 필요하다. 최근 농업재해로 인한 피해를 경험으로 삼아 농작물, 농업시설물을 안정적으로 보호, 복구할 수 있는 시스템 구축과 식량 생산의 소중함을 다시 한 번 고민하고 노력하는 계기가 되었으면 한다.

— 2010. 08. 24. 서천신문/ 충남도 농림수산국장

비브리오 패혈증 예방은 이렇게…

행복은 지배하여야 하고, 불행은 극복하여야 한다.
— **독일의 속담**

내가 태어나고 자란 어린 시절의 추억이 살아 있는 곳 '장항'. 장항은 역사적으로 일본 식민지 시대 수탈의 역사와 함께 산업화의 상징이었던 장항제련소가 있는 곳으로 유명하다. 그런 장항 앞바다는 내가 어릴 적 마음껏 수영도 하고, 낚시도 하고, 바닷물이 빠져 갯벌이 드러날 때면 친구들과 씨름도 하고, 각종 조개며, 맛이랑 게 등을 한 소쿠리씩 잡던 바닷가에서 자랐다. 그래서인지 김기림 시인의 '바다와 나비'라는 시를 무척 좋아한다.

"아무도 그에게 수심(水深)을 일러준 일이 없기에 흰 나비는 도무지 바다가 무섭지 않다. 청(靑) 무우밭인가 해서 내려갔다가는 어린 날개가 물결에 절어서 공주처럼 지쳐서 돌아온다. 삼월(三月)달 바다가 꽃이 피지 않아서 서글픈 나비허리에 새파란 초생달이 시리다."

김기림 시인의 표현처럼 바다는 서글픔만 줄까? 결코 그렇지 않다. 바다를 삶의 터전으로 살아가는 사람들에게 바다는 꿈과 희망을 주지만 때로는 고통을 주기도 한다.

이제 본격적인 무더위가 시작되는 여름철이다. 예년보다 일찍 찾아온 여름은 바다 수온이 상승하고 해안가를 찾는 관광객들이 증가하면서 한편으론 우리를 찾아오는 반갑지 않은 손님이 있다. '비브리오 패혈증'이 대표적인 불청객이다. 통계로 보면 전국에서 발생한 비브리오 패혈증 발생환자 및 사망자수는 2006년 88명 발생에 44명 사망, 2007년 59명 발생에 24명 사망, 2008년 50명 발생에 24명 사망, 2009년에는 24명 발생에 1명 사망으로 매년 감소 추세에 있어 다행스럽기는 하나, 안타깝게도 지난해 비브리오 패혈증으로 사망한 1명이 우리 도 당진군에서 발생했다는 것이 더욱 안타깝다.

비브리오 패혈증은 원인 균이 비브리오 불리피쿠스(Vibrio vulnificus)균으로 바다에 살고 있는 호염성 세균으로 '청상감염형'과 '패혈증'으로 구분한다. 발생시기는 5~11월의 18도 이상이나, 7~9월 수온이 20도 이상의 여름철에 집중적으로 발생한다고 한다. 주로 서·남해안 지역에서 환자가 많이 발생하는데, 그 이유는 서·남해안의 갯벌과 갯벌에 서식하는 어패류(조개류, 게, 낙지 등)에 균이 많이 분포하기 때문이다. 우리나라 대부분의 큰 강물이 서·남해안으로 흘러 들어가는 것과도 관계가 있는 것으로 조사되었다.

다른 균들에 비해 비브리오 패혈증균은 산과 알칼리에 강하기 때문에 위를 통과하면서 살아남을 수 있으므로, 소화성(궤양) 질환자 등은 특히 주의해야 한다. 균에 오염되면 20~48시간의 잠복기를 거쳐 나타나는데 급성발열, 오한, 혈압 저하, 복통, 구토, 설사 등의 증상이 동반된다. 발병 후 36시간이 지나면 출혈 및 홍반, 수포 등의 피부병변이 발생하며, 주로 하지에서 시작해 발진, 부종, 수포, 괴사성 병변으로 진행되는데, 심한 경우 치사율이 50%를 상회하기 때문에 철저한 예방과 함께 발생 시 즉시 가까운 병원을 찾는 것을 잊지 말아야 한다.

비브리오 패혈증 사전예방을 위해서는 여름철 어패류를 가급석 영하 5도 이하로 저온 보관하고, 날 생선을 요리한 도마나 칼 등에 의해서 다른 음식이 오염되지 않도록 해야 하며, 해산물을 다룰 때는 장갑 등 착용을 의무화해야 할 것이다. 간염환자 등 간질환자나 알코올 중독자, 만성질환자, 노약자 등은 해산물을 충분히 익혀서 먹고, 어패류는 껍데기가 열리고 나서 60도 이상으로 5분 동안 더 끓이고, 증기로 익히는 경우 9분 이상 더 요리해서 먹을 수 있도록 해야 한다. 해수욕장을 찾는 관광객들은 몸에 상처가 있으면 상처난 부위를 통해 감염될 수 있으니 가급석 바다에 들어가지 않는 것이 좋다.

이처럼 여름철 수산물관련 질병은 조금만 관심을 갖는다면 충분히 예방이 가능하므로 맘껏 즐기면서 안심하고 먹을 수 있다. 다가오는 무더위에 지친 일상에서 벗어나 스트레스를 해소하고 몸과 마음을 건강하게 보내려면 맑고 깨끗한 바다가 한없이 펼쳐져 있는 우리 도 서해안을 찾아 안전하고 싱싱한 수산물을 맘껏 맛볼 수 있는 시간을 갖는다면 얼마나 행복할까?

— 2010. 06. 28. 중도일보/ 충남도 농림수산국장

가축전염병에 대한 소고

고난의 길은 길기도 하거니와 어둡기도 하다.
점차 밝아지는 길은 다른 길이다.
— 키에르케고르(덴마크의 종교사상가)

올 초 경기 포천에서 시작된 구제역은 연천, 강화, 김포, 충주를 거쳐 4월 30일 우리 도 청양에서까지 발생되고 말았다. 충남 가축방역을 책임지는 수장으로서 무거운 책임감을 느끼며, 그동안 현장방역에서 체험한 소소하지만 향후 가축방역에 도움이 되었으면 하는 마음으로 적어본다.

구제역, 조류인플루엔자 등 악성가축전염병에 있어서 우리나라는 안전지대는 아니다. 중국, 몽골 등 주변국에서는 구제역, 조류인플루엔자 등이 수시로 발생되고 있으며, 다양한 유입경로를 통해 금년에도 일본에서까지 발생되었다. 우리와는 조금 다른 방역시스템을 가지고 있는 일본은 4월 20일 미야자키현에서 사육하는 번식우 3두에서 구제역이 처음 발생한 이후 5월 18일 "구제역 비상사태 선언"시까지 29일 동안 138농가로 구제역이 확산되었으며, 현재 2백3십여 농가에서 15만여 두를 살처분 해야 하는 사상초유의 사태를 맞이했다.

이는 우리가 양성판정 즉시 신속하게 살처분·매몰하고, 발생농장을 중심으로 500m, 3km이내의 우제류를 매몰하는 것과는 달리 발생농장의 우제류에 대해서만 살처분을 실시하고, 양성판정에서 살처분 완료시까지 4~5일, 길게는 10일 이상 소요됨으로써 초동방역에 실패한 것이 가장 큰 원인이라 생각된다. 또한, 우리 충청남도에서만 공무원, 군·경 등 하루 2천여 명 이상이 동원되고, 2백여 개가 넘는 방역 통제초소를 운영한 것도 더 이상의 확산을 방지하고, 조기에 종식을 이끌어 낼 수 있는 근본 토대가 되었지 않나 생각한다.

악성가축전염병의 발생은 축산농가는 물론이고 사회·경제적으로도 엄청난 파괴력을 지닌다. 금년 우리 도는 2건의 구제역이 발생되어 49농가에 6,501두를 살처분하였으며, 살처분 가축에 대한 보상금액만 50여억 원에 달한다. 보상금뿐 아니라 확산방지를 위해 100억이 넘는 방역비용과 사회적으로도 많은 불편과 부담을 감수해야만 했다.

매번 반복되는 악성가축전염병의 발생을 막을 수 있는 근본적인 방법은 없는가? 라는 자문을 해보지만, 우리나라 주변국에서 지속적으로 질병이 창궐하고 있으며, 인적, 물적 이동량이 많아 유입가능성이 상존하고 있는 가운데 특히, 국토의 중심부에 위치하고, 전국 2위의 축산규모를 가지며, 종축, 사료 등 다양한 유통체계의 허브 역할을 수행하는 충남이 그만큼 발생에 취약할 수밖에 없는 상황이다.

그러나, 이제 매번 반복되는 악성가축전염병의 발생에 속수무책으로 당할 수만은 없지 않은가? 현재의 방역 시스템은 그동안의 발생에 따른 문제점을 보완하여 체계를 갖추어 왔으나, 발생위험이 보다 높은 경기, 충청, 전라도의 경우 유통망을 통제할 수 있는 새로운 형태의 방역시스템을 검토해야 한다고 생각된다.

즉, 2000년 이후 그동안의 발생상황을 생각해 볼 때 최초 발생은 발생국으로부터 유입되었지만 추가 확산은 축산물의 유통망을 따라 확산되는 것을 알 수 있다. 그렇다면 이제는 이러한 유통망을 어떻게 차단하고 관리할지를 보다 면밀히 검토하여 방역 매뉴얼화해야 할 것이다. 또한, 현재의 "구제역 긴급행동지침"은 발생지역에 대한 현장 방역 매뉴얼이 중심이 되어 있어, 비발생지역과 인접지역에 대한 현장 적용에 몇 가지 부적합한 면이 없지 않았다.

첫째, 방역대를 중심으로 설치되는 이동통제초소는 그 기능과 역할이 분명하지만, 규격화된 초소설치 매뉴얼이 없어 초소 간 소독에 차이를 보였다.

둘째, 발생지역에 대한 방역조치는 비교적 상세하게 다루어지고 있으나, 인접지역 및 비발생지역에 대해서는 차별화된 지침이 없어 시·군 간 방역추진에 혼선을 빚기도 했다.

셋째, 발생지역을 중심으로 이동제한 기간 중에 치러지는 여러 축제 및 행사에 대한 행동지침이 없어 행사를 준비하는 부서 간의 혼란도 있었다.

이러한 과제들은 금번 방역추진과정에서 얻은 소중한 경험을 토대로 면밀히 검토하여 관련 운영지침 등을 보완하고, 효율적인 방역이 될 수 있도록 개선해 나가야 할 것이다.

여러 차례의 악성가축전염병을 겪으면서, 우리 국민은 과거에 비해 성숙해진 방역의식과 어려움을 슬기롭게 넘기는 지혜를 몸으로 체득한 것 같다. 그러나 아직 선진화된 방역의식이 폭넓게 자리 잡지는 못하고 있는 듯하다. 도와주고 함께 하는 방역이 아닌, 불편하다거나 이외의 다른 사람들이 하는 방역으로 치부해버리려는 마음이 방역현장의 활기를 조금은 꺾지 않았나 생각해 본다. 축산농가와 수의사, 인공수정사, 사료, 약품회사 등 축산과 밀접한 관련이 있는 사람들의 방역의식이 보다 선진화되고 철저할 때만이 농장입구까지 유입된 바이러스를 농장 안으로 들어오지 못하게 하는 파수꾼의 몫을 해낼 것이다.

무거운 책임감과 중압감을 가지고 종식을 위해 달려온 방역활동을 이제 정리하여 되짚어 보고, 똑같은 실수를 되풀이하지 않도록 다시 한번 마음깊이 새기며 더 이상의 확산 없이 조기에 종식을 이루어 낼 수 있도록 적극 협조해 주신 육군 제32사단 사령부와 충청남도 경찰청, 소방본부, 농·축협 관계관님들께 감사의 말씀을 드리며, 차량통행에 많은 불편을 감수하면서 방역에 협조해주신 모든 도민께 다시 한 번 고개 숙여 진심어린 감사의 말씀을 올린다.

— 2010. 06. 07. 뉴스서천/ 충남도 농림수산국장

농촌 일손돕기에 모두 나서자

때를 얻는 자는 번창하고, 때를 잃는 자는 망한다.
— **열자(중국의 철학가)**

최근 이상기온에 따른 농작물 생육불량 관리, 구제역 방역과 모내기, 밭작물 파종·이식, 과수 적과 등으로 한참 바쁜 농번기에 6.2 지방선거와 일정이 겹치면서 선거열기에 가려서 피부로 느끼지 못하는 면이 있으나 농촌에서는 인력난으로 고초를 겪고 있다. 또한, 농어촌 인구 감소, 기존 인력의 노령화 및 희망근로사업장으로의 이탈 등 인력부족이 지속되는 현상을 보이고, 계절적 인력수요 편차, 상대적 저임금 등 농어업 분야의 고용 안정성과 근로조건이 좋지 않아 인력 유입에도 애로가 많다.

최근 한국농촌경제연구원에서 발표한 자료에 따르면 농촌인력 조달이 어려운 이유로 농촌의 고령화 39.2%, 공공근로의 인력 유출 29.7%, 농촌 인력 감소 24.3% 순으로 조사됐다. 농촌 노임은(1일) 남자 7만 4000원(2009년 6만 8000원), 여자 4만 7000원(2009년 4만 3000원)으로 전년대비 평균 9%가 인상됐고, 경운 작업료도 1000㎡에 5만 원으로(2009년 4만 5000원) 전년대비 11%가 인상됐다. 이에 금년도 농번기 인력 공급을 위해 도, 시·군 및 농·수협의 농·어촌 지원부서를 활용해 농촌 일손돕기 지원창구를 운영하는 등 농번기 인력공급 대응체계를 가동하고 있다.

농촌 일손돕기 지원창구는 독거농, 장애농 및 수작업 인력이 많이 필요한 농가를 우선지원하고 과일 적과·봉지 씌우기, 밭작물 파종·수확 등 봄·가을철 농번기에 인력 지원을 알선하며, 기타 태풍·집중호우·장마 등으로 인한 재해 발생 시나 필요시 긴급 가동·운영된다. 더불어, 농촌 일손돕기는 단순 인력지원만이 아니라 시·군 및 민간단체의 농·어촌체험, 자연학습, 도·농교류 활성화(1사1촌) 등 농촌경제 활성화에 기여하는 파급효과를 가진다.

정부도 농번기 일손부족에 대한 농촌 일손돕기 지원창구를 단기적 대안으로 활용하고, 장기적으로는 인터넷 인력지원 시스템을 구축해(농어업 고용촉진센터) 인력정보 제공 및 알선을 실시간으로 지원하는 농·어촌 일자리 정보 통합 데이터베이스를 구축할 계획이다. 충남도는 농번기 일손부족 해소를 위해 '2010 농촌 일손돕기'를 적극적으로 추진하고 있으나, 이에 대한 범도민적인 관심 확산과 관련 기관·단체의 적극적 참여가 절실히 요구되고 있다. 또한, 정부·지자체·농협 등 농업 관련 기관·단체의 인력지원 부서 간 체계적인 연계가 필요하며, 단기적 대책으로는 희망근로사업 인력을 기존사업에 지장을 주지 않는 범위 내에서 일손이 모자란 농촌 일손돕기 현장에 투입하는 것이 필요하다.

중·장기적으로는 인력절감형 농업체계를 구축해야 하며, 이를 위한 각종 지원사업을 역점적으로 추진하고 있다. 농기계 공급지원 및 농기계 임대사업 등 기계화를 통한 노동력 절감과 공동육묘, 공동방제 확대 등을 통해 생산비 절감을 도모하고 있으며, 고령화에 대응해 위탁영농을 장려하고 있다. 농촌 일손돕기 등 인력부족 해소를 위한 대응은 단순 인력지원으로서가 아니라 1차 생명산업의 육성과 식량안보 차원에서 안정적 생산체계를 구축해야 한다는 책임의식과 공동체의식을 가지고 모두가 함께 관심과 노력을 기울이는 최고의 출구전략(出口戰略)이 필요하다.

— 2010. 06. 03. 충청투데이/ 충남도 농림수산국장

6·2 지방선거, 지방자치 축제로

현자는 기회를 행복으로 바꾸어 놓는다.
— **산티아나(미국의 철학자)**

6월 2일은 우리 지역 일꾼을 뽑는 제5회 전국동시 지방선거일이다. 이번 지방선거에서 유권자는 헌정 사상 처음이자 최대인 8번의 투표권을 행사하게 된다. 도지사와 도의회 의원, 광역의원 비례대표, 시장·군수, 시·군의회 의원, 기초의원 비례대표, 그리고 도(道)교육감과 도(道)교육의원을 뽑게 된다. 이렇게 많은 일꾼을 선출해야 하는 만큼, 이번 선거는 어느 때보다 주민들의 관심이 요구되고, 중요성도 커졌다고 할 수 있다.

그런데 투표일이 불과 며칠 남지 않았는데도 선거에 대한 관심과 열기는 생각보다 높지 않은 것 같다. 지난 10~11일 중앙선거관리위원회가 코리아리서치에 의뢰해 실시한 6·2지방선거 유권자 의식조사 결과에 따르면, 이번 선거에 대해 '관심 있다'는 응답이 54.4%, '반드시 투표 하겠다'는 응답은 54.8%에 지나지 않았다. '흥행 참패'를 거둘 수도 있다는 우려가 나오는 대목이다. 선거에서 투표율이 저조하다는 것은 당선되더라도 대표성이 떨어질 수 있다는 것을 의미하며, 이에 따라 지도자의 리더십도 흔들릴 수 있다.

'풀뿌리 민주주의(grassroots democracy)'로서 지방자치가 성공하기 위해서는 주민들의 적극적인 참여와 관심이 요구된다. 그리고 그 참여는 지역 일꾼을 뽑는 선거를 통해 가장 크게 표현된다. 젊은층의 투표참여는 더욱 절실하다. 젊은 세대는 두말할 나위 없이 국가와 지역의 새로운 주역이기 때문이다. 청년기부터 지역 내 여러 문제에 대해 관심을 갖고, 해결 방안에 대해 진지하게 고민하는 자세가 필요하다. 우리는 그동안 여러 차례 선거를 치르면서 지방자치가 성공을 거두려면 주민들의 적극적인 참여가 전제돼야 함을 알고 있다. 주민 참여 정도에 따라 지방자치의 활성화와 새로운 변화가 좌우된다는 점을 몸으로 느낄 수 있었던 것이다.

지방자치에 있어서 중요한 것은 다수의 동의를 얻어낼 수 있는, 다수에게 이득이 될 수 있는 일이어야 한다. 이 때문에 다수의 의견에 합치되는 지역 일꾼을 선출하는 것이 중요하다. 그래야 지역 주민들의 적극적인 동의와, 정책 결정이나 시행에 있어 많은 사람의 동의를 얻어낼 수 있을 것이다. 지방자치단체 살림살이 수준은 바로 해당 지역 주민의 평균적 수준을 나타낸다. 따라서 자신의 가정과 재산, 사업을 키워가듯 지역사회 공동체의 통합과 발전에도 관심을 가져야 한다. 지방자치 실패로 가장 큰 손해를 보는 사람이 지역주민이라면 반대로 지방자치 성공으로 가장 큰 이익을 보는 사람 역시 지역 주민이다. 이는 또 지역 주민의 방관과 외면이 지방자치의 좌초를 부를 수 있음을 의미하며, 그 책임은 고스란히 지역 주민이 지게 된다.

국민들이 진정한 민주주의를 열망하고 지켜나갈 때 국가와 사회의 민주주의는 꽃을 피우고 영역을 확장해 갈 수 있듯이, 지방자치 또한 대다수 지역주민이 적극적으로 참여함으로써 정상적이고 바람직한 참여 자치를 이루어 낼 수 있다. 지방자치는 주민이 주인의식을 갖고 참여할 때 비로소 꽃을 피운다. 이번 6·2지방선거에서는 모든 유권자가 주인의식을 갖고 지역 일꾼을 뽑는 '지방자치의 축제'에 동참하길 희망해 본다.

— 2010. 05. 31. 중도일보/ 충남도 농림수산국장

축제祝祭에 한마디…

희망은 사람을 성공으로 인도하는 신앙이다.
희망이 없으면 아무 일도 성취할 수 없다.
— H. 켈러(미국의 교육자)

5월 26일부터 2주간 우리 군(郡) 서면에서 '제9회 자연산 광어·도미축제'가 열리며, 6월 1일부터 열흘간은 우리군 장항읍에서 그 유명한 '제4회 장항항 꼴갑(꼴뚜기와 갑오징어)축제'가 열린다. 고향을 떠나와 사는 나 같은 사람들로서는 진한 향수(鄕愁)를 느끼며 말만 들어도 가슴이 설렌다.

얼마 전 우리 군 출신 차문희 선배가 국가정보원 2차장으로 부임해서 큰 자랑으로 자부심을 갖게 됐는데, 이번에 연이어 두 개의 큰 축제가 우리 고향에서 열림에 박수와 성원을 보내며 주위의 많은 분들과 축제가 성공적으로 치뤄질 수 있도록 적극 협조하자는 다짐도 해본다.

물론 지역에서 개최하는 축제는 산업박람회(EXPO)와는 성격이 많이 다르다. 하지만 일회성으로 먹고 마시고 끝내는 정도의 일상이 되어서는 발전이 없다고 본다. 지난 2006년도에 금산군에서 개최되었던 세계인삼엑스포 사무총장 직책을 수행했던 경험으로 봐서도 이번 두 가지의 축제는 많은 군민의 참여와 협조를 바탕으로 철저한 준비와 정성을 다하는 손님맞이 등 점검하고 숙고해야 할 일이 한두 가지가 아니라고 생각한다.

그럼으로 힘입어 우리 서천군을 차근차근 외부에 알리고 6만 군민의 힘을 모으는 계기로 삼았으면 하기에 몇 가지를 생각해 본다.

첫째, 모든 면에서 군민의 적극적인 참여와 협조를 바탕으로 군민들에게 물심양면 모두에서 실질적인 도움이 되는 축제여야 한다. 일부 몇몇 사람에게만 좋은 행사, 일명 정치인들의 유세장이 되는 행사, 끝나면 주위가 온통 쓰레기장으로 초토화되는 행사, 오히려 서천군민들의 얼굴에 먹칠을 하는 행사는 결단코 막아야 한다.

둘째, 우리 6만 서천군민들도 손님을 따뜻하고 친절하게 맞으며 먼 미래까지를 생각하는 의식 있는 손님맞이를 해야 한다.

바가지요금 근절, 의심 가는 물품 판매 금지, 어린이에서부터 어른에 이르기까지 친절하고 따뜻한 태도로 안내하기, 교통을 비롯한 기초질서 지키기 등 일일이 나열하지 않더라도 군민 모두가 알고 있는 사항들을 실천하는 것이 중요하다.

셋째, 모든 군민이 각자 맡은 바 본연의 일로부터 두 가지 축제의 성공을 바라는, 마음으로부터의 '성공기원'이 필요하다.

백수(百獸)의 왕 사자도 토끼 한 마리를 잡기 위해 최선을 다한다는 말이 있듯이, 우리 서천군민 모두가 어느 일을 하든 각자의 자리에서 축제의 성공을 일념(一念)으로 기원한다면 티끌모아 태산이 된다는 말이 있듯이 성공이라는 찬란한 결과가 우리 앞에 있을 것으로 확신한다. 우리 6만 서천군민들의 파이팅을 기대해본다.

— 2010. 05. 30. 서천신문/ 충남도 농림수산국장

無信不立 정신으로 우리의 저력을 보일 때…

국민은 각기 자기 천직에 전력을 다하는 것이 좋다.
이것이 조국에 보답하는 길이다.
— 괴테(독일의 시인)

무신불립(無信不立), 논어의 안연편에 나오는 말이다. 백성으로부터 신뢰를 받지 못하면 나라가 설 수 없다는 뜻으로 공직생활을 시작한 이래 가슴깊이 간직하고 있는 교훈 중의 하나다. 지난 3월 26일 서해 백령도 앞 해안에서 경계 작전을 수행중이던 '천안함'의 예기치 못한 침몰사고 수습과정에서 갖가지 억측과 유언비어가 난무하고 있는 현상을 보면서 그 말의 의미가 더욱 새롭게 다가온다.

그동안 정부와 군(軍)은 실종된 승조원들을 한 사람이라도 더 구하기 위해 마지막 희망의 끈을 놓지않고 노력하였으나 끝내 무산된 것에 대한 비통한 마음과 함께, 아직 생사가 확인되지 않은 미귀환자에 대해서도 유가족들의 어려운 결정을 존중해 나가면서, 끝까지 책임을 진다는 자세로 이들을 찾기 위해 최선의 노력을 다할 것이라고 발표한 바 있다. 이러한 가운데, 인터넷 등에 특별한 근거나 논리를 갖추지 못한 무책임한 주장과 유언비어 유포 등으로 정부에 대한 불신 조장과 함께 국민 불안감을 부추기는 것은 참으로 안타까운 일이다.

앞으로, 아직 바다 속에 있는 함수 부분을 인양하여 침몰 원인을 규명하고, 원인에 따른 대책을 세워야 하는 등 상당한 시간이 필요하겠지만 이럴 때일수록 우리는 선부른 결론보다는 전문가들이 마지막 판단을 내 놓을 때까지 정부를 믿고 결과를 기다릴 줄 아는 지혜가 필요하다. 물론, 군(軍)이 사상 초유의 사건을 처리함에 있어 최초 보고가 지연 되고 일부 조치가 미흡한 점에 대해서는 공직자의 한 사람으로서 깊이 반성해 본다.

외국에서는 천안함 사건을 한국의 중대한 국가 안보사태로 보는 시각이 지배적이며 오는 11월에 개최되는 'G-20 정상회의'와 2012년 '제2차 핵안보 정상회의' 등을 앞둔 시점에서 안보에 불안감을 갖지 않도록 하는 것 또한 아주 중요한 일이기 때문이다. 지금 상황에서는 굳건한 국가 안보태세와 사태수습을 위해 국민 모두가 정부와 군에 대하여 신뢰를 보내면서 초연히 관망하고 의연한 자세로 총력을 기울여야 할 때라고 생각한다.

아동 심리학자에 의하면 인간은 영·유아기부터 주변에 대한 기본적인 신뢰감을 형성한다고 한다. 보호자가 불편함에 대하여 신속하게 반응하고 일관성 있는 사랑과 관심을 통해 만족시켜 줄 때 아이는 세상이 안전하다는 믿음을 갖게 된다는 것이다. 이러한 기본적 믿음이 형성되면 보호자가 잠시 자리를 비워도 보채지 않고 기다린다는 것이다.

행정도 같은 이치다. 행정은 오케스트라와 같아서 계층간, 집단간 이해를 조정하고 설득을 통해 최적의 대안을 선택하고 집행하는 과정이라고 할 수 있다. 공무원이 신뢰를 받고 있으면 국민은 인내심을 갖고 기다려주며, 이해를 구할 때 기꺼이 양보하는 자세를 취한다고 믿는다. 최근 충남도 농정에도 이상기온에 따른 시설농작물 피해복구, 봄철 산불예방, 강화 구제역 재발생에 따른 도내 유입차단 활동, 꽃매미 종합방제 등 하나하나 헤쳐 나가야 할 현안들이 많이 있다. 우리 농정분야에도 이번 '천안함' 사건에서 나타난 문제점들을 교훈 삼아 무신불립(無信不立) 정신으로 한 치의 빈틈없는 농정을 추진하는데 최선을 다할 것을 다짐하면서 천안함 사고로 희생된 장병과 유가족에게 깊은 애도의 뜻을 전하고 싶다. 조금 더 노력하는 공직자가 되겠다고….

— 2010. 04. 28. 중도일보/ 충남도 농림수산국장

구제역, 정확히 알고 대처합시다

실패는 낙담의 원인이 아니라 신선한 자극이다.
— **사우잔(영국의 극작가)**

지난 3월 23일 구제역 종식 선언 후 16일만인 지난 4월 8일 강화 지역에서 다시 구제역이 발생했다는 소식은 충남도의 가축방역을 책임지고 있는 나로서는 큰 충격으로 다가왔다. 구제역이란 소, 돼지, 사슴 등과 같이 발굽이 둘로 갈라진 동물의 입과 혀, 유두나 발굽 등에 수포를 형성하는 급성 바이러스성 가축전염병으로써 빠른 전염성과 높은 폐사율로 국제동물보건기구(OIE)에서도 가장 위험한 가축전염병으로 지정·관리하고 있다.

2000년과 2002년 국내에서 발생된 구제역은 해외 여행객의 신발이나 수입건초, 외국인 근로자 등을 통해 바이러스가 묻어 들어온 것으로 추정되며, 강화지역 구제역도 아직까지 정확한 발생 원인이 밝혀지지 않았으나, 구제역 상재국인 중국을 여행하고 돌아온 축산농가에 의해 유입된 것으로 예측하고 있다. 이번에 발생된 구제역은 바이러스가 활동하기 좋은 계절인데다 올 1월에 소에서만 발생된 포천과는 달리, 소 보다 전염력이 3000배 높은 돼지에서 동시에 발생돼 만에 하나 내륙으로 퍼질 경우 전국적인 피해 확산이 우려된다.

이에 따라 충남도는 강화 구제역 발생 다음 날인 4월 9일 시·군과 농·축협 등 관계기관 '긴급방역대책회의'를 갖고 유관 기관별로 신속한 대응체제에 들어가는 등 긴장의 끈을 늦추지 않고 있다. 우선 도, 시·군, 가축위생연구소 농·축협 등에 설치된 대책상황실 운영을 강화하고, 도내 가축시장 8곳을 전면 폐쇄해 이동경로를 차단하는 한편, 시·군별로 공수의사와 예찰요원 등을 총 동원해 예찰활동에 주력하면서, 축산농가들에게도 자체 소독활동을 강화토록 독려하고 있다. 이와 함께 행정, 조합, 축산단체 등 방역주체별 역할분담 및 유기적인 협조를 통해 병원균의 유입 차단과 함께 축산물의 안전한 생산과 유통 그리고 소비자의 불안감 해소와 소비촉진 등을 위해 총력을 기울이고 있다.

돌이켜 보면 2000년, 2002년에 걸친 두 차례의 홍역은 구제역에 대한 축산농가와 시민사회의 인식을 크게 바꿔 놓았다. 2000년 발생시에는 발생 단계별 구제역 긴급행동지침이 마련되지 않아 현장방역 추진에 혼선이 있었고, 축산물 이동 및 수급이 원활하지 못하였으며, 방역추진과정에서 지역 간 갈등으로 체계적인 차단방역이 이뤄지지 못한 것도 사실이다. 또한 소비자들에게도 구제역에 대한 전반적인 인식이 정확하게 전달되지 않아 축산물 소비가 급격히 감소하고, 가격이 폭락해 축산농가의 어려움이 매우 컸다.

그러나 근래들어 축산농가에서는 '내 축사는 내가 지킨다'는 주인 정신으로 구제역 예방을 위한 임상관찰 및 소독 등의 방역노력을 그 어느 때보다 강화하고 있다. 그리고 최근의 가축질병은 특정 계절에 발생하던 예전과는 달리 계절에 관계없이 발생되고, 다양한 유입경로를 통해 감염되고 있으므로 축산농가에서는 구제역 발생지역과 주변지역의 출입을 금해 주시고, 가급적 구제역 발생국가에 해외여행을 자제해 주실 것을 당부 드린다.

아울러 도민들께서도 구제역은 가축으로부터 사람에게 전염되지 않고 살균한 우유나 익힌 고기를 먹으면 전혀 문제가 없는 만큼, 안심하고 평소와 같이 축산물을 많이 애용해 농업시장 개방과 사료값 인상 등으로 어려움을 겪는 축산농가들에게 희망과 용기를 불어넣어 주시길 바란다.

— 2010. 04. 21. 충청투데이/ 충남도 농림수산국장

맞춤형 예방대책으로 '산불 최소화'

사는 기술이란 하나의 공격 목표를 택하고
거기에다 힘을 집중하는데 있다.
— 모로아(프랑스의 작가)

'산은 양지바른 쪽에 사람을 묻고 높은 꼭대기에 신을 모신다. 산은 사람들과 친하고 싶어서 기슭을 끌고 마을로 들어오다가도, 사람 사는 꼴이 어수선하면 달팽이처럼 대가리를 틀고 슬슬 기어서 도로 험한 봉우리로 올라간다. 산은 나무를 기르는 법으로, 벼랑에 오르지 못하는 법으로 사람을 다스린다. 산은 울적하면 솟아서 봉우리가 되고, 물소리를 듣고 싶으면 내려와 깊은 계곡이 된다.'

내가 좋아하는 시인 김광섭의 '산'이라는 시의 일부분이다. 이처럼 산은 5000년의 세월을 우리 민족과 함께 해왔다. 산은 세상살이에 지친 사람들의 마음을 달랬고, 목재와 땔감이며 약초와 산나물 등 사람들의 삶에 필요한 것들을 아낌없이 내주었다. 하지만, 사람들은 산을 소유하고 지배하려 했다. 이 과정에서 많은 나무들이 베어졌고, 계곡의 물은 말라 갔으며, 산짐승들은 보금자리를 잃었다. 여기에 사람들의 부주의로 인해 발생하는 산불은 한 순간에 울창한 산림을 잿더미로 만들기도 했다. 사람들의 지나친 욕심과 무관심으로 산은 냉대를 받고 있고 시름시름 앓고 있다.

우리는 이런 산을 이대로 보고만 있을 수 없다. 산을 살려내고 산이 제 기능을 다할 수 있도록 정성을 다해 잘 가꾸어야 한다. 특히, 산불은 우리가 가장 관심을 갖고 예방해야 할 중요한 과제다. 최근 10년 간 우리 도에서는 총 276건의 산불이 발생하여 3574ha의 산림이 소실되고 70억 원이 넘는 피해를 냈다. 연평균 27건의 산불로 357ha가 매년 황폐화되고 있는 셈이다. 산불 발생의 주된 원인은 논이나 밭두렁 소각과 입산자의 담뱃불 등에 의한 실화가 전체의 57% 이상을 차지한다. 또, 최근의 이상기후와 건조한 날씨의 지속으로 한번 산불이 나면 대형 산불로 번지는 추세다. 지난 2002년에 발생해 3095ha의 큰 피해를 낸 청양· 예산의 산불이 대표적인 사례다.

올해 우리 도는 현장중심의 산불방지대책과 초동 진화로 피해를 최소화하여 도민의 재산과 생명을 보호하는 데 역점을 두어 추진해 나갈 계획이다. 이미 지난달에 '2010 산불방지 종합대책'을 마련해 도내 전 시·군에 통보했다. 특히 금년에는 '맞춤형 산불예방대책'으로 발생요인을 사전에 제거하는 데 주력하고자 한다.

겨울과 봄 가뭄, 설 연휴와 정월대보름, 그리고 청명·한식 전후와 산나물 채취 시기별 산불예방대책을 추진하고, 논·밭두렁 공동 소각일 지정, 특별대책기간 내의 소각금지, 영농쓰레기 수거와 입산자 단속 강화 등 어느 해보다도 강도 높은 대책을 추진해 나가겠다. 산불 조기발견을 위한 산불감시원의 증원 및 산불전문 예방진화대 확충, 무인감시카메라 등 산불감시 시설의 확충과 운용·관리의 내실화 및 초동진화와 뒷불감시에도 철저를 기할 것이다.

이와 함께, 지난달 27일 우리 도와 충청체신청 간의 산불방지업무 협약에 따라, 지역 지리에 밝은 도내 900여 명의 우편집배원을 '숲사랑지도원'으로 위촉해 '산불감시 도우미'로 활용하고, 산불취약지에 대한 특별관리와 유관기관·단체와의 긴밀한 협력 등을 통해 산불피해를 최소화할 것이다.

산불예방은 행정기관의 노력만으로는 절대 이룰 수 없다. 도민들의 적극적인 관심과 참여가 무엇보다 중요하다. 모쪼록 우리의 소중한 산림을 산불로부터 지켜내 미래 세대들에게 훌륭한 자산으로 물려주는 일에 도민 여러분의 많은 관심과 협조를 당부 드린다.

— 2010. 03. 05. 중도일보/ 충남도 농림수산국장

PART 2부

서해로 돌아온 연어

열녀로 소문난 할머니

아무리 수고하거나 어디를 방황할지라도
우리의 피로한 희망은 평온을 찾아 역시 가정으로 되돌아온다.
— 골드스미드(영국의 수필가)

나는 할아버지를 뵙지 못했다. 병환으로 일찍 세상을 뜨셨기 때문이다. 장남인 아버지는 자연스럽게 할머니를 모시고 살았고, 나도 더불어 할머니와 한 집에 살았다. 할머니 유등녀(劉登女) 님은 인근 화양면에서 10대의 어린 나이에 할아버지께 시집오셨다. 아버지와 작은아버지 두 분 형제를 남기고 할아버지께서는 젊은 생을 마감하셨다. 할머니는 나이 서른도 되지 않아 혼자가 되셨다. 하루라도 빨리 재가해 새로운 삶을 살라는 주위 분들의 권유가 많았지만 할머니께서

는 꿋꿋이 청상으로 사시면서 두 아들을 혼자 힘으로 기르셨다. 어려서는 그것이 얼마나 힘든 일인지 깊이 생각해보지 못했지만 나이 들고 철 들어보니 무척이나 어려운 삶을 사셨다는 것이 헤아려졌다.

동네 사람들은 공공연히 할머니께 '열녀'라는 칭호를 사용하셨다. 대부분의 동네 어른들은 할머니에게 공손히 예를 다했고, 삼가는 모습을 보였다. 그것은 할머니께서 단지 젊은 나이에 청상이 돼 수절하고 사셨다는 점 때문만은 아니었다. 들은 얘기지만 할머니께서 젊어서 할아버지와 지내실 때 할아버지께서 병환으로 누워계실 때 몸을 아끼지 않는 희생으로 할아버지를 살리기 위해 애쓰셨다고 한다. 기력을 잃고 목숨을 연명해가던 할아버지를 위해 할머니는 손가락 하나를 손도끼로 찍어 상처내서 피를 나게 하고 그 피를 할아버지께

드렸다고 한다. 달리 병원도 없고 치료법도 없던 시절이기에 맑은 피를 마시면 죽어가는 사람을 살릴 수 있다고 하는 이야기를 할머니께서 듣고 자신의 피를 드리기 위해 그리 하셨다고 한다.

할아버지는 독학으로 한학을 하셨고, 마을에서 한학자로 추앙받았다고 한다. 그러면서 어깨 너머로 배우고 스스로 터득한 기술로 동네 사람들의 병을 치료해주는 의원 역할도 하셨다고 한다. 지금도 유사한 활동하시는 분들 가운데는 할아버지께 기술을 배운 분들이 여럿 계시다. 잘 알 수는 없지만 할아버지는 동네 사람들의 전염병을 치료하시다가 병에 감염돼 사경을 헤매는 처지가 됐고, 그로 인해 결국 돌아가셨다고 한다. 할머니는 할아버지를 극진히도 모셨고 병간호도 지극정성으로 하셨다고 한다. 그 모습을 지켜본 마을 주민들은 할머니를 열녀라고 칭했고 할아버지께서 돌아가시고 난 후에도 삼가고 존경하는 모습을 보였다고 한다.

홀로 어렵게 두 아들을 키우며 살림살이를 꾸려가시던 할머니는 나를 비롯한 손주들을 무척이나 귀여워해 주셨다. 할머니께서 지극한 사랑을 베풀며 나를 귀여워 해주셨던 모습이 지금도 생생히 기억난다. 비록 열녀비를 세우거나 열녀문을 세우지는 않았지만 마을 사람들은 우리 집안을 열녀집안이라고 인정해 주었다. 어린 시절 난 그것을 몹시 자랑스럽게 여기며 살았다. 그러던 할머니께서는 내가 군복무를 막 시작했을 무렵 돌아가셨다. 훈련소 생활을 마치고 자대에 배치돼 초년병이던 나는 할머니의 사망 소식을 전해 듣지 못했다. 물론 임종도 뵙지 못했다. 군 복무를 겨우 시작한 내게 부담을 주지 않기 위해 가족들이 연락을 하지 않았던 것이다. 그래서 지금도 할머니를 생각하면 몹시도 죄송스럽고 안타까운 마음이 크다. 할머니는 내게 많은 사랑을 베풀어 주셨을 뿐 아니라 무한한 긍지를 갖게 해주셨던 분이다.

자랑스러운 나의 부모님

사람의 어버이만큼 가장 자연스럽고
가장 호적한 교육자는 없다.
—헤르바르트(독일의 교육자)

누군들 부모님이 존경스럽지 않고 고맙지 않겠는가만 나 역시 부모님에 대한 남다른 존경심을 갖고 있다. 아버지 서몽학(徐夢鶴) 님과 어머니 박분녀(朴紛女) 님은 서천 출생으로, 노년 시절 아들인 나와 생활하시기 위해 몇 년간 수원에서 생활하신 것을 제외하면 평생 서천에서 사시다가 서천 땅에 묻히신 분들이다. 그 시절 모두가 그러했듯 가난한 삶을 사셨고 힘든 농사일로 평생을 보내셨다. 5남매를 낳아 남부럽지 않게 성장시켜 주셨고, 조금도 부끄럽지 않게 사셨다고 자부한다. 돌이켜 생각하면 몹시도 부지런하셨고, 근검한 생활을 하셨다. 세상을 제대로 즐겨보지도 못하고 일만 하시다 생을 마감하셨다. 그 점이 지금도 너무 가슴이 아프다.

아버지는 홀어머니 슬하 형제의 맏이셨다. 그래서인지 어려서부터 일찌감치 철이 나서 이른 나이부터 가장 역할을 하셨고, 할머니와 동생을 극진히 보살피셨다고 한다. 유난히 책임감이 강하셨던 아버지는 어려서부터 돈벌이가 되는 일은 무엇이든 마다하지 않는 성실함을 보이셨고, 근검절약이 몸에 익어 늘 검소한 모습을 보이셨다. 홀어머니와 아내, 그리고 다섯 자녀까지 모두 8식구의 호구지책을 책임지셨던 아버지는 늘 손에서 일을 놓지 않으셨다. 벼농사와 밭농사를 기본으로 소와 돼지, 닭 등 가축을 기르셨고 틈나는 대로 장항 읍내에 나가 제련소나 비료공장 등에서 무슨 일이든 하셨다.

아버지는 어머니와 더불어 모시 기술자셨다. 전국적으로 유명세를 타고 있는 모시 집산지인 한산과 이웃한 동네에 살고 있던 터여서 우리 마을 사람들 대부분은 모시를 재배했고 더불어 모시를 짤 줄 아는 기술을 보유하고 있었다. 지금도 고가에 거래되고 있는 한산의 세모시는 당시에도 가계에 적지 않은 보탬을 주는 부업거리였다. 아버지는 달리 제도권 교육을 받지 못하셨지만 혼자 한글을 깨우치셨고, 수리에 밝았다. 암산 능력도 탁월했던 것으로 기억된다. 경우에 밝은 사람이라는 평가를 받으셨던 아버지는 동네 반장 일을 보시기도 했고, 부지런하고 거짓 없는 믿을 수 있는 사람이란 평가를 받으셨다.

어머니는 이웃 마을에서 어린 나이에 우리 집안으로 시집오셨다. 어머니도 아버지와 마찬가지로 별다른 배움은 없었지만 부지런하고 성실한 분이셨다. 고된 농사일을 기본으로 8식구의 세끼 밥상을 혼자 준비하셨으니 그 고충이 짐작된다. 늘 힘든 일과를 보내셨지만 시어머니를 모시는 일에도 소홀함이 없었다. 할머니와 어머니는 같은 교회를 오래도록 다니셨다. 두 분이 지극 정성으로 다니셨던 장항동 부성결교회는 지금도 그 자리에 위치하고 있다. 두 분이 나란히 주일을 지켜 교회에 나가시던 모습이 지금도 눈에 선하다. 일평생 오로지 자식을 위해 모든 것을 희생하신 나의 아버지와 어머니는 모두 내가 내무부에 근무할 때 세상과 이별하셨다. 아버지와 어머니는 내가 사심 없이 30년 넘게 공무원 생활을 할 수 있도록 버팀목이 돼주신 분들이다.

내 아내 장정호張貞好

부부란 두 개의 절반이 되는 것이 아니라
하나의 전체가 되는 것이다.
— 코호(네덜란드의 화가)

아내 장정호(張貞好)는 1957년생이다. 내가 공무원이 돼 첫 근무지였던 경기도 화성군 반월면사무소에서 같이 근무하며 만나 지금껏 평생의 고락을 함께 해오고 있다. 3년을 같은 사무실에서 근무하며 서로를 누구보다 잘 파악하고 있던 우리는 자연스럽게 결혼을 하게 됐다. 지금은 안산시가 된 화성군 반월면 그곳이 아내의 고향이다. 고교를 졸업하고 곧바로 공무원 시험에 합격해 공직에 입문했던 아내는 30여 년의 공직생활을 마치고 명예퇴직을 했다. 당시 흔치

않았던 맞벌이 생활을 하며 남편을 극진히도 내조해 주었다. 특히나 맞벌이 살림을 하면서도 시부모님을 모시고 살았다. 아무리 생각해도 내가 신세를 너무 많이 진 것 같다.

장인은 서울 대동상고를 졸업한 당대의 엘리트이셨다.

지엄한 아버지 밑에서 자란 아내는 교양 있고 현명했다. 처음 교제를 시작할 때 아내는 내게 '소부재근 대부재천(小富在勤 大富在天 : 작은 부자는 근면함으로 이룰 수 있지만 큰 부자는 하늘이 내린다)'이란 말을 내게 하며 나에 대한 믿음을 표현해 주었다. 나에 대한 믿음을 한 마디로 표현한 그 말에 나는 주저함 없이 그녀를 아내로 낙점했다. 교제하는 동안 나는 아내에게 "나는 큰 꿈을 가지고 있는 사람이고 그 꿈을 이루기 위해 노력할 것"이라고 수시로 말했고, 아내는 그 말을 인정해 주었다. 또 "비록 내가 차남이지만 부모님을 모시겠다"고 한 말을 받아주었다.

경기도 지방공무원이던 아내는 화성군과 의왕시, 안양시에서 공무원의 길을 걸었다. 나는 경기도청과 내무부를 거치며 늘 바쁜 부서에서 일 했고, 먼 거리를 통근해야 했기에 가정에 충실하기가 그만큼 어려웠다. 물론 나는 가정생활에 누가 될 만한 허튼짓을 한 번도 하지 않고 성실한 삶을 살았다. 내가 바쁘다는 핑계로 가정에 충실하지 못했지만 아내는 나의 공백을 메워가며 성실히 가정을 지켰다. 직장생활을 하며 시부모를 모시고 두 아들을 키우는 일이 보통일은 아니었지만 아내는 불평 없이 역할을 충실히 해냈다. 맞벌이 가정이다 보니 부모님의 도움을 받았을 수도 있었지만 내가 막내였던 까닭에 부모님과 연령 차이가 많아 아내는 시부모님에게 별다른 도움을 받지 못했다. 그래서 모시는 일이 더욱 힘들었다.

늘 지치고 힘든 일상을 보낸 아내는 허약 체질이었기 때문에 남 보다 몇 곱절 힘들게 생활해야 했다. 1992년에는 암수술과 우울증을 겪어 힘든 나날을 보내기도 했다. 그렇지만 힘든 내색 없이 나에 대한 내조를 잘 해주었다. 몇 년 전 부터는 서천으로 이사해 성당과 미장원, 시장 등 일상에서 즐거움을 찾으려고 노력하고 있다. 고향에서 평생 공직생활을 했던 아내는 서천이란 곳이 너무도 낯선 곳이겠지만 그저 남편의 고향이라는 이유로 새로운 삶에 잘 적응해 나가고 있다. 그래서 더 미안하고 고맙다. 내가 고위공무원이 될 수 있던 것은 전적으로 아내의 내조 역할이 컸다. 대부분의 한국 남자들이 그러하듯 나 역시도 아내에게 고맙다는 말도 제대로 못 하고 살았다. 하지만 마음은 늘 아내에 대한 고마움으로 가득하다.

30년 피우던 담배를 단번에

쓰고 단 것은 외부에서 생기고,
어려운 것은 내부에서 자기 자신의 노력으로부터 생긴다.
— 아인슈타인(미국의 물리학자)

고등학교를 졸업하고 재수생활을 하면서 담배를 입에 물기 시작했다. 하지만 그때는 맛도 모르고 그저 입에 댔던 것이고 계속 피우지도 않았다. 본격적으로 담배를 피우기 시작한 것은 군복무 기간 중이었다. 흡연 여부와 상관없이 정량의 담배가 지급됐고, 그 담배를 처음엔 동료들을 주기도 하고 쌓아두기도 하다가 나중에는 입에 대기 시작했다. 돌이켜 보면 그 당시는 흡연에 대한 폐해가 널리 인식되지 않았고, 성인이 되면 누구랄 것 없이 담배를 피우기 시작하는 것이 일반적이었다. 공공장소에서도 공공연히 흡연을 했고, 유아 앞에서 담배를 피우는 일도 금기시되지 않았던 시절이다.

청자, 환희, 개나리에서 시작해 화랑으로 담배 맛을 알았고 이후 은하수, 한산도, 거북선, 수정, 샘, 신탄진, 도라지, 태양, 88, 솔 등을 거쳐 에쎄에 이르기까지 무려 30년 동안 기호품으로 담배를 즐겼다. 특별히 끊어야겠다는 생각을 해본 적도 없고, 그저 생활의 일부분이라고 여겼다. 아내를 비롯한 가족들도 누구 하나 나의 흡연 습관에 대해 별다른 지적을 하지 않았다. 당시 사회의 풍토도 성인 남자가 담배를 피우는 것에 대해 대단히 관대했다. 건강에 대한 상식이나 관심도 부족했던 것이 사실이다. 계속되는 업무의 스트레스 속에 담배 한 대를 피우고 연기를 허공에 날리면 다소의 위안을 얻는 듯 했다. 당장 느끼는 건강상의 문제점도 없었다.

그러던 어느 날 아주 우연한 기회에 금연을 실행하게 됐나. 내가 담배를 피우기 시작한 지 꼭 30년째 되는 해였다. 아내가 많이 아파 크게 고생을 했다. 그런데 갑자기 내가 담배를 피운 것이 직·간접적으로 영향을 끼쳤을 것이란 생각을 하게 됐다. 마침 사회적으로도 간접흡연의 폐해가 거론됐던 시점이다. 갑자기 담배를 끊어야겠다는 욕구가 생겨났다. 모두들 '백해무익'이라고 말하는 담배를 굳이 피울 이유가 없다고 생각했다. 그러나 금연 결심은 혼자만의 약속이었을 뿐, 누구에게도 공표하지 않았다. 금연에 실패한 많은 이들을 주위에서 지켜보면서 막연한 두려움을 갖고 있었기 때문이다. 주위에 공표를 하고 지키지 못하면 우스운 사람 취급을 당할 수 있다는 혼자 생각에 스스로의 결심으로 금연 시행에 들어갔다.

그래서 누구처럼 신년이 시작되는, 새 달이나 새 주가 시작되는 날을 기점으로 잡지도 않았다. 마음먹은 그날(2002년 11월 4일)을 기점으로 잡았다. 그리고는 아침 출근길에 담배와 라이터를 챙기지 않고 그대로 집을 나섰다. 예상했던 대로 고통스러운 하루를 보냈다. 아니 예상했던 것보다 몇 곱절 어려운 시간을 보냈다. 금단현상으로 안절부절 못했고, 수시로 식은땀이 흘렀다. 그러나 30년 만에 처음으로 하루 종일 한 개비의 담배도 피우지 않았다고 생각하니 뿌듯하고 흐뭇한 기분이 들었다. 그래서 다음날도 무사히 금연이 계속됐다. 그렇게 어려운 시간을 보내 며칠의 시간이 흘렀다. 물론 며칠이 지나도록 누구에게도 금연에 대해 공언하지 않았다. 역시나 지키지 못할 수 있다는 두려움을 갖고 있었기 때문이다.

1주일이 지나고 2주일이 지나고 나니 금단현상도 훨씬 덜해졌고, 자신감은 커졌다. 그렇게 시작된 금연이 한 달을 넘어서고 두 달을 넘어서며 서서히 주변에서도 나의 금연 사실을 아는 사람이 많아졌다. 한 달이 지나고 나니 몸에 변화가 생기는 것을 느끼기 시작했다. 몸이 가뿐해지는 것을 느꼈고, 밥맛이 부쩍 좋아졌다. 책상과 주머니 등 내 주위도 확연히 깨끗해졌다. 담배를 끊은 후 나빠진 것은 아무것도 없었다. 과연 끊기가 어려울 뿐 금연은 모든 것이 내게 이롭게 작용했다. 그래서 지금 이 순간까지 담배를 끊은 것에 대해 한 번도 후회해 본 적이 없다. 장난 삼아라도 담배를 입에 댄 적도 없다. 태어나 가장 잘 한 일 중 하나가 금연을 실천한 것이 아닌가 싶기도 하다.

금연이 내게 안긴 여러 이점 중 가장 큰 선물은 나 자신의 의지를 스스로 인정하고 믿게 됐다는 점이다. 나 스스로도 나의 실천의지에 다소의 놀라움을 가졌다. 금연의 실천으로 나에 대한 아내의 평가도 많이 달라졌다. 아내는 30년 피우던 담배를 단숨에 끊어버리자 "역시 당신이야."라며 나를 인정해 주었다. 아내는 주위로부터 금연의 실천이 얼마나 어려운 것인지에 대해서는 익히 잘 알고 있었다. 금연에 도전했다가 실패하는 사람도 부지기수로 목격했다. 그래서인지 내가 금연에 성공하는 것을 몹시 좋아하였고, 나의 의지를 인정해 주었다. 금연은 내게 너무도 많은 혜택을 안겨 주었다.

"술 잘 마시면 일도 잘 한다?"

겸손한 자만이 다스릴 것이요,
애써 일하는 자만이 가질 것이다.
— 에머슨(미국의 시인·철학자)

한국은 지구상 어느 나라보다 술 문화가 발달돼 있는 나라이다. 아울러 술 마시는 것에 대해 지극히 관대한 문화를 갖고 있는 나라이다. 다수의 국민들이 술을 마시고, 술값으로 큰돈을 지불하기도 한다. 술을 마시고 저지른 실수에 대해서도 많이 이해해주려고 노력하는 분위기가 만연해 있다. 더불어 술을 잘 마시는 사람을 영웅시하고 하나의 능력으로 인정해 주는 문화도 있다. 특히 사회생활을 하는데 있어 술을 마시는 일은 업무의 연장선이면서 업무 능력의 한 갈

래로 인정받고 있다. 세상 많이 바뀌었다고는 하지만 술에 대한 이런 관념들은 여전히 한국인의 의식 속에 깊이 각인돼 있다.

공직사회에서도 술을 잘 마시는 것은 여러모로 꽤 유리한 측면이 많다. 수시로 기관이나 부서를 옮겨 다닐 때 술을 마실 줄 알면 쉽게 조직 내 구성원들과 사귀게 된다. 대민 접촉을 하면서 처음 서먹한 관계를 쉽게 친근하게 이끌어 주는 매개체가 되기도 하고, 어려운 민원을 해결할 때도 술이 가교 역할을 하는 경우가 많다. 업무로 쌓인 스트레스를 풀어내는 일도 술잔을 나누며 푸는 것은 예나 지금이나 변함이 없고, 공직이든 사기업이든 다름이 없다. 1인당 술 소비량이 세계에서 손꼽히는 한국은 술에 얽힌 일화도 많고, 사연도 많다. 특히 대한민국 사회에서는 말이다.

나는 다행스럽게도 남들과 어울리는데 부족함이 없을 정도의 술을 마신다. 몸집도 남만한데다 체력도 크게 달리지 않아 술을 마시는데 별다른 애로가 없다. 더욱이 몸이 술을 거부하지 않으니 못 마시고 안 마실 이유가 없다. 누구나 그러했듯이 시골에서 어린 시절 막걸리 심부름을 하면서 술을 처음 입에 댔다. 그러나 그것을 두고 술을 마셨다고 표현하기에는 과장됨이 있을 터이고 사회생활을 하면서 음주생활은 본격화됐다. 성인이 되면서 취할 정도까지 술을 마시기 시작했고, 공무원이 된 후 음주량이 급속히 늘었고 더불어 주량도 늘었다. 처음 면사무소에 근무하면서 영농지도를 다니면서 주민들과 어울려 막걸리 잔을 기울이곤 했다. 물론 술자리를 통해 주민들과 보다 빨리, 보다 친근하게 다가설 수 있게 됐다.

예나 지금이나 회식을 하는 자리에서 술이 빠지지 않는다. 술을 무서워하지 않는 나는 누구에게 뒤지지 않을 만큼의 술을 마셨고, 은연중에 '이것조차도 남에게 뒤지면 안 된다'는 생각을 갖고 있었다. 함께 마시는 상대가 직장 동료가 됐든, 민원인이 됐든 먼저 취하는 모습을 보여선 안 된다는 생각을 했고 실수를 해서는 안 된다고 여겼다. 지금 이 나이가 되도록 실로 엄청난 양의 술을 마셨을 터이지만 한 번도 술을 핑계로 남과 다투거나 시비를 붙지 않았다. 내게 있어서 술은 남과 어울리는 수단이고, 더불어 하나가 돼 마음을 나눌 수 있는 매개체일 뿐이다. 술을 마시고 서로 마음을 나누면 보다 빨리 인간적 매력을 느끼게 되는 것은 인지상정이 아닐까.

예부터 '술을 잘 마셔야 일도 잘 한다'는 불문율이 한국의 직장문화에 깊이 자리를 잡고 있다. 그 말을 의식했는지 나 역시도 술을 잘 마시고자 했다. 그래서 술자리 제안을 마다하지 않았고, '주력(酒力)은 국력(國力)'이니 '선주후찬(先酒後餐)'이니 하는 따위의 말을 자주 인용하기도 했다. 그래서인지 소속 조직을 옮겨 다닐 때마다, 혹은 조직 내에서 부서를 옮겨 다닐 때마다 남보다 쉽게 새로운 문화에 적응할 수 있었고, 새로운 사람과의 사교도 유난히 빨랐다. 경기도, 내무부, 충남도로 옮겨 다니며 공직생활을 하는 동안 빨리 적응할 수 있었던 데에는 술의 역할이 컸음을 인정한다. 부여부군수와 서산부시장으로 재직할 때도 술자리를 통해 주민들과 쉽게 사귀어 역대 부시장, 부군수 중에 가장 친화적이고 인간미 넘치는 사람이란 평가를 받기도 했다.

나는 공직사회 내에서 술을 무척 잘 마시는 주당으로 소문이 나있다. 하지만 그 소문이 무척 과장된 것임을 밝혀두고자 한다. 나는 그저 평범하게 남과 어울릴 수 있을 정도의 술을 마실 뿐인데 대단한 주당으로 소문이 나있다. 그것은 철저하게 나의 술 마시는 습관에서 비롯된 일반인들의 오해이다. 우선 나는 양주나 맥주, 막걸리 등의 모든 술을 마시지만 모두를 좋아하지 않고 서민적 술인 소주를 즐겨 마신다. 특별한 자리가 아니고서는 소주로 시작해서 소주로 끝을 내는 것이 나의 음주 습관이다. 여간해 술을 섞어 마시거나 바꿔가며 마시지 않는다. 그만큼 소주를 좋아하기도 하고, 다른 술과 섞어 마셔 몸에 부담을 주는 것 자체를 삼가는 편이다.

소주는 소주잔, 양주는 양주잔, 맥주는 맥주잔에 마시는 것이 기본이다. 그러나 나는 소주를 소주잔이 아닌 맥주잔에 마시는 습관이 있다. 이것이 나를 주당으로 소문나게 한 결정적 이유가 됐다. 내가 소주를 맥주잔에 마시는 것은 몇 가지 이유가 있어서이다. 첫째는 술잔을 돌려 마시지 않기 위해서이다. 언제부터인가 우리 한국은 자신이 마신 술잔에 술을 따라 상대에게 권하는 문화가 자리를 잡았다. 언제 누가 시작한 것인지는 모르지만 으레 술잔은 돌고 돈다. 외국인들로서는 절대 이해 못할 음주문화이다. 상식적으로 생각해도 술잔을 돌리는 문화는 비위생적이고 바람직하지 못하다. 상대의 주량을 인정하지 않고 같은 양의 술을 마시도록 유도한다는 점도 술잔 돌리기 문화의 폐단이다. 또한 잔이 돌고 돌아가다 보면 저마다의 음주량을 정확히 가늠할 수 없다는 점도 술잔 돌리기의 단점이다.

이런 폐단을 극복하기 위해 나는 오래 전부터 소주를 맥주잔에 마시는 습관을 가졌다. 물론 맥주잔에 따른 소주를 돌려 마시지는 않는다. 2홉들이 소주 한 병을 소주잔에 따르면 대개 일곱 잔 정도로 나눌 수 있다. 그러나 맥주잔에 따를 경우, 두 잔으로 나눌 수 있다. 이 양을 두 번 또는 세 번에 나누어 마시면 소주잔으로 한 잔씩 마시는 것과 같다. 굳이 잔을 돌릴 필요가 없다. 더욱이 내가 얼마만큼의 양을 마시고 있는지를 가늠해가며 마실 수 있다. 이런 이유로 나는 소주를 맥주잔에 마시는 습관이 있다. 이런 속사정을 모르고 소주를 맥주잔에 마시는 현상만 보고 내 주량이 대단한 것으로 착각하는 경우가 많다. 단지 마시는 잔의 크기가 다를 뿐인데 말이다.

소주를 맥주잔에 마시는 것 외에 나는 독특한 술버릇이 하나 더 있다. 모든 술자리는 밥자리를 겸한 1차 식당에서 끝낸다는 점이다. 2차나 3차로 자리를 옮겨 다니며 술자리를 갖지 않는다. 거의 철칙에 가깝다. 부득이한 경우, 마지못해 간단히 맥주 한 잔을 더할 일이 생기기도 하지만 그 또한 1년에 한두 번 있을까말까 하는 정도의 빈도이다. 모든 술자리는 1차에서 끝내는 것이 나의 기본 원칙이고 버릇이다. 자리를 옮겨 마시는 술의 종류를 바꿔가며 길게 술자리를 갖는 것을 싫어한다. 불필요한 다툼이나 시비, 과도한 지출 등 술자리에서 생기는 대개의 부작용이 2차나 3차 자리에서 생긴다는 사실을 애주가들은 잘 알고 있다.

술잔을 돌리지 않고 차수를 늘려가며 과도한 음주를 하지 않는 탓인지 자주 술을 마시는 편이지만 건강한 편이다. 매년 직장 내 정기 신체검사를 통해 각종 건강 상황을 체크해보지만 별 이상은 없는 것으로 판정받는다. 건강에 무리가 없고, 남에게 피해 주지 않는 정도까지만 마시니 술로 인한 별다른 걱정거리는 없는 편이다. 아직도 술을 마시는데 별다른 무리가 없다. 그래서 즐거가며 자주 술자리를 갖는 편이다. 술로 인해 고통 받은 기억은 없고 술로 인해 사람을 사귀고, 친해지고, 즐거웠던 기억뿐이다. 그래서 주위의 염려에도 불구하고 나는 여전히 애주가로서 살아가고 있다. 좋아하는 술을 마실 수 있을 만큼 건강하다는 것은 하늘이 주신 큰 선물이라고 생각하며 살아가고 있다.

내 인생의 좌표가 된 천주교

신앙은 보이지 않는 것에 대한 사랑, 불가능한 것,
있을 것 같지 않은 것에 대한 신뢰이다.
— 괴테(독일의 시인·작가)

할머니와 어머니는 개신교인 성결교회를 열심히 다니신 신자들이다. 그 영향인지 형님도 개신교에 열심히 다니고 있다. 하지만 나는 천주교에서 신앙생활을 하고 있다. 약속을 한 것은 아니지만 나와 같은 시기에 아내도 천주교에 입문해 영세를 받았다. 그래서 우리 부부는 같이 천주교 신자가 됐다. 내 세례명은 마르첼로, 아내는 율리안나이다. 세례를 받던 시기에 나는 대전에서 충남도청에 재직하고 있었고 아내는 안양시청에 근무하고 있었기 때문에 각기 다른 성당을 다녔다. 세례도 따로 받았다. 그러나 부부가 같은 종교를 갖게 됐다는 것은 참으로 다행스러운 일이다. 지금도 우리 부부는 서천성당에 교적을 둔 부부신자로 신앙생활을 하고 있다.

내무부에 근무하다가 2004년 충남도로 소속을 옮긴 나는 결혼 이후 처음으로 아내와 떨어져 생활하게 됐다. 먼 거리를 통근하며 힘겹게 앞만 보고 살던 나는 직장과 가까운 곳에 숙소를 마련해 혼자 비교적 여유로운 생활을 즐기고 있었다. 그러면서 신앙생활을 하고 싶다는 생각을 가졌다. 오래전부터 신앙생활을 하고 싶다는 생각을 했지만 사정이 여의치 않았다. 그러던 끝에 다소 여유 있는 시간을 갖게 돼 천주교에 문을 두드리게 된 것이다. 어머니와 할머니는 개신교 신자였지만 나는 전부터 천주교 행을 마음먹고 있었다. 조상님들 제사를 모셔야 한다는 생각에서였다. 개신교에서는 철저하게 금기시하고 있지만 천주교에서는 조상 제사를 모시는 일을 말리지 않는다. 그래서 천주교를 택하겠노라고 일찍부터 마음먹고 있었다.

처음 집을 떠나 생활하면서 다소 여유로운 시간을 갖게 된 나는 저녁시간을 이용해 도청 근처 숙소와 가까운 대전 선화동 성당을 다니며 교리공부를 했다. 장영식 토마스 신부께서 직접 교리수업을 해주셨다. 한참 교리공부를 받던 때에 갑자기 금산인삼엑스포 사무총장으로 발령이 나 금산으로 거처를 옮기게 돼 교리공부를 중단해야 했다. 그래서 뒤늦게 엑스포를 마치고 대전으로 돌아와 탄방동성당으로 나가 공교롭게도 서천이 고향이신 김지성 신부님께 나머지 교리공부를 마치고 영세를 받게 됐다. 충남도 부지사를 역임하신 유철희 선배께서 내 대부가 돼 주셨다.

천주교는 술을 마시는 것에 대해서도 관대하고, 전통의 의식에 따라 제사를 모시고 성묘를 다니는 것에 대해 별다른 제약이 없다는 점이 편하다. 신부님들과 어울려 술자리를 갖고 많은 대화를 나누기도 했다. 교우들도 대개는 무리한 요구를 하지 않아 편하게 신앙생활을 할 수 있도록 배려한다. 그래서 부담 없이 신앙생활을 하고 있다. 서천으로 거처를 옮긴 이후 새로운 생활을 하게 되면서 정착하는데도 천주교 교우들의 은혜가 컸다. 다만 안타깝고 미안스러운 것은 늘 바쁘다는 핑계로 성당 내에 조직된 각종 봉사모임에 가입해 적극적으로 활동하지 못한다는 점이다. 서천성당에 교적을 두고 있는 나와 아내는 장항성당에도 수시로 다니며 교우들과 친분관계를 맺고 있다. 하지만 많은 친목 및 봉사활동 단체에서 활동은 하지 못하고 있다. 그 점이 늘 교우들에게 미안하고 죄송스러울 따름이다. 다만 나와 아내는 주일 미사시간만큼은 절대 빠지지 않으려고 노력하고 있다. 신앙생활을 시작한 지는 몇 년 안 되지만 천주교는 나와 아내에게 새로운 삶의 방향을 제시해주고 있다.

새로운 눈을 뜨게 해준 서천금강로타리클럽

평범한 사람들은 단지 시간을 어떻게 소비할까 생각하지만,
지성인은 그 시간을 어떻게 사용할까 노력한다.
— **쇼펜하우어(독일의 철학자)**

대개의 공무원들은 스스로의 족쇄에 묶여 지극히 제한적인 사회활동을 한다. 공무원 조직 내에서 취미나 사교 동아리를 만들어 활동하는 경우는 허다하지만 일반인들과 섞여 적극적인 사회활동을 하는 경우는 흔치 않다. 일반인들과 더불어 사교활동을 한다 해도 취미나 교양을 공유하는 모임 정도를 함께 할 뿐 친목을 목적으로 하는 국제단체에 가입하는 경우는 극히 드물다. 그 어떤 규정도 공무원의 순수한 사회활동을 제한하지는 않는다. 하지만 시간상 제약을 받고

공공연한 구설수에 휘말리지 않으려는 이유로 스스로 활동을 자제하게 마련이다.

국내에서 활동하는 수많은 사회단체 중에는 로타리클럽과 라이온스클럽, JC(청년회의소)가 대표적이다. 이들은 국제적인 봉사단체로 봉사활동은 물론 사교단체로서 다채로운 활동을 펼치고 있다. 이들 3개 단체가 공무원의 가입을 제한하는 규정을 갖고 있는 것도 아니고, 역으로 공직사회에서 이들 3개 단체의 가입을 제약하고 있지도 않다. 하지만 공무원들은 업무 특성상 시간 제약을 많이 받고, 언제 어느 때 비상근무에 임해야 할지 모르는 상황이어서 이들 단체의 가입을 꺼리고 있다. 더불어 적지 않은 활동비가 소요된다는 점도 공무원들이 가입에 소극적인 이유가 되고 있다.

2006년의 일이다. 당시 나는 금산인삼엑스포 사무총장 직을 맡아 엑스포 준비와 진행의 책임을 지고 행사 개최지인 금산에서 일하고 있었다. 이 때 금산에 거주하는 많은 분들과 자연스럽게 교류할 수 있는 시간이 있었고, 그 중 한 분이 금산읍 소재 연세소아과 김호택 원장이었다. 수월(秀越)이라는 아호로 더 알려진 그는 의사 신분으로 금산문화원장직을 수행하시면서, 금산로타리클럽 회장은 물론 대전 전체와 충남지역 절반을 권역으로 하는 국제로타리 3680지구 총재를 역임한 인물이었다. 금산 지역 내에서 그는 인품 있고 학식 있는 인사로 존경받는 인물이다. 이런저런 일로 몇 차례 그를 만났고, 우리 둘은 이내 자별한 사이가 됐다. 배짱이 잘 맞고 의견이 잘 통했기 때문이다. 국내 제약업계에서 손꼽히는 삼남제약의 창업주 장남이었던 그는 시골 개인병원 원장이었지만 왕성한 사회활동을 통해 지역민들의 존경을 받고 있었다.

하루는 김원장이 내게 로타리클럽에 가입해 활동할 것을 권유했다. 나중에 알게 됐지만 로타리클럽에 대한 그의 애정과 관심은 실로 대단했다. 그러니 조그만 시골 군소재지인 금산에서 대전 전역과 충남 절반을 권역으로 하는 국제로타리 3680지구의 총재를 맡는 역량을 보일 수 있었다. 사실 로타리 지구 총재는 대도시 지역 클럽에 가입한 실력자가 맡는 것이 상례였다. 하지만 그는 남다른 애정과 관심, 봉사의 실천을 인정받아 지구 총재라는 중책을 역임했다. 총재를 역임하면서 로타리에 대한 그의 사랑은 더욱 커졌다. 그래서 많은 주변인들에게 로타리클럽에 가입해 활동할 것을 권유했고, 나도 그 중 한 명이었다.

하루는 그가 내 고향 서천을 방문하면서 내게 동행할 것을 제안했다. 흔쾌히 수락하고 그를 따라 길을 나섰다. 당시 그는 로타리클럽 총재에서 물러난 후 전임 총재라는 명예직만 갖고 있었다. 하지만 그를 따라 서천에 가서 그의 활동상을 보고 놀라지 않을 수 없었다. 그가 서천지역을 방문한다고 알려지자 서천지역 7개 로타리클럽 회장과 총무 등 임원단이 모두 모여 대대적인 환영의 자리를 만들었다. 총재직에서 물러난 후에도 멀리 서천지역에서까지 사람들을 불러 모으는 그의 영향력에 적지 않게 놀랐다. 더구나 그를 환영하기 위해 자리에 참석한 이들은 하나같이 그에 대해 대단한 존경과 경의를 보였다.

김 원장과 동행해 서천을 방문했던 나는 로타리클럽의 조직력과 선배에 대해 극진한 존경심을 표하는 로타리클럽의 문화에 적지 않게 놀랐다. 그는 서천지역 로타리클럽 임원들이 모두 모인 자리에서 그들에게 나를 소개했다. 그는 나에 대해 사명감이 투철한 공무원으로 서천지역의 발전을 위해 큰 일을 할 인물이라고 거침없이 소개했다. 덕분에 나는 서천지역에서 왕성하게 봉사활동 및 사회활동을 하고 있는 다수의 고향 선·후배들과 교분을 나눌 수 있었다. 그것이 인연이 돼 장항지역을 무대로 활동하고 있는 금강로타리클럽에 가입하게 됐다.

가입은 했지만 타지에서 근무하고 있고 신분상 시간에 제약이 많은 공무원이란 한계 때문에 모임에 자주 참석하지 못했고, 열정적으로 활동하지 못했다. 하지만 인삼엑스포 사무총장을 거쳐 도청 농림수산국장과 서산부시장으로 재직할 때도 수시로 고향 장항을 찾아가 로타리언으로서 책임감을 갖고 참여했다. 부득이 참여하지 못할 경우가 생기더라도 성실히 회비를 납부하며 미안한 마음을 대신했다. 로타리언은 누구랄 것 없이 이름보다는 아호를 불러주는 것이 관례화돼 있어 나는 어려서부터 별명처럼 불리었던 석죽(石竹)이란 아호를 사용했다. 로타리언들은 부르기 쉽고 나의 이미지에도 맞는 것 같아 사용한 아호를 불러주며 친숙하게 대해주었다.

짧은 로타리언 생활을 통해 나는 기부문화를 알게 됐고, 관심을 가졌다. 그러면서 고향지역 유능한 인사들과 자연스럽게 사귈 수 있는 시간을 가졌다. 로타리언이 된 이후 어디를 가더라도 로타리언들을 만나면 형제들을 만난 것처럼 반가웠고, 자긍심을 갖게 됐다. 클럽 회원으로 활동하며 국제클럽의 행사 진행과 구성원들의 매너 및 에티켓에 대해 많은 것을 배우게 됐다. 공직사회 내 제한된 테두리 내에서만 인간관계를 가졌던 나는 보다 넓은 세상과 만날 수 있었고 새로운 친분관계를 구축해 갔다. 지금도 로타리언이라는 자긍심 속에서 살아가고 있다. 아울러 힘닿는 데까지 로타리언으로 열심히 살아갈 것을 스스로 다짐하기도 한다.

수월 김호택 국제로타리 3680지구 전 총재는 참으로 인품이 훌륭한 인물이다. 그를 알게 된 것이 내 인생에는 참으로 큰 선물이 됐다. 그에 대한 큰 존경심을 갖고 있고, 그를 통해 새로운 세상에 눈을 뜨게 됐다. 로타리클럽이란 새로운 세상을 알게 된 것은 김호택 전 총재의 도움이 절대적이었다. 내게 새로운 길을 제시해 폭 넓은 인간관계를 할 수 있도록 도와준 것에 대해 큰 감사를 느끼며 살아가고 있다. 다시금 수월 전 총재에게 깊은 감사를 드리며 로타리클럽에 대한 열정과 관심으로 그의 은혜에 보답하기 위해 열심히 살아갈 것을 약속드린다.

농업에 대한 생각

귀향이란 근원으로 가까이 돌아가는 일이다.
— **하이데거(독일의 철학자)**

내가 어린 시절, 빈국인 대한민국은 농업과 어업 등 1차 산업이 산업의 근간을 이뤘다. 3차 산업인 서비스업은 고사하고 변변한 공장도 없는 시절이었다. 그러다보니 국민 대다수가 농가에서 나서 자랐고, 농업을 주된 소득원으로 살아갔다. 나 역시도 가난한 농가에서 태어나 농사를 짓는 부모님의 뒷바라지 속에서 성장했다. 부모님 뿐 아니라 조부모님을 비롯해 나의 조상들은 대대로 농사를 지었고, 농토를 지키며 살았다. 내가 전업 농부로 살지는 않았지만 어려서부터

자연스럽게 농사일에 참여하며 농업과 농사에 대한 나름대로의 소신을 갖게 됐다.

내가 자라던 시절, 나의 가정은 논과 밭농사를 기본으로 소와 돼지, 닭 등 가축을 키우기도 했다. 당시에는 축산업을 전업으로 하는 농가는 흔치 않았다. 각 농가마다 소 1~2마리, 돼지 3~4마리, 닭 10여 마리를 키우는 것이 고작이었다. 밭농사도 시설농업을 하거나 고소득 특용작물을 재배하는 일도 드물었다. 어느 집이나 고추, 깨, 콩, 옥수수, 감자 등 기본적인 작물을 심어 기르는 일이 일반적이었다. 한마디로 전문성도 없고, 영세하기 짝이 없는 기본적인 수준이었다. 논 농사도 대규모 기계영농을 하는 집도 없었다. 대부분의 농가들은 자신들이 먹을 식량을 확보하고 남은 일정량을 내다 팔아 생활에 필요한 기본적 자금을 마련할 수 있을 정도의 규모로 농사를 지었다.

어려서부터 농사짓는 일을 보고 자란 나는 자연스럽게 가축을 기르는 일, 농약을 치고 피를 뽑는 일, 논에 물을 대거나 거름을 주는 일, 작물을 수확하고 김매는 일 등을 직접 해보면서 자랐다. 농사 일을 거들면서 농사일이 얼마나 힘든 것인지를 실감할 수 있었다. 통학을 하거나 객지로 나가 수험생활을 할 때 집에서 용돈을 받아 쓰면서 '내가 참으로 어렵게 마련한 돈을 쓰고 있구나' 하는 생각을 했다. 당장은 힘든 농업에서 벗어나고 싶다는 생각도 했지만 농업의 소중함을 누구보다 잘 알고 있었고, 재래식 농업에서 벗어나 보다 선진적이고 효율화된 농업을 추구해야 한다는 생각을 자연스럽게 갖게 됐다.

1981년도 경기도 화성군 반월면에서 첫 공무원 생활을 시작하면서 공교롭게도 나는 농촌마을의 영농지도를 하는 업무를 담당했다. 농민들과 직접 스킨십 하면서 영농지도를 하고 그들의 애로사항을 상급기관에 전달하는 것이 나의 임무였다. 그러면서 자연스럽게 농민들과 가까워졌고, 마음을 나누기 시작했다. 내가 농부의 아들이란 점도 빠르게 적응할 수 있던 요인이 됐다. 수시로 현장에 나가 직접 농사일을 거들었고, 농업이 갖고 있는 구조적 문제점과 개선방향에 대해 깊이 생각하는 많은 기회를 갖게 됐다. 초임지에서 영농지도 업무를 맡은 시기는 공무원이 해야 할 일이 무엇인가에 대해서도 진지하게 고민해보는 시간이기도 했다.

이후에도 줄곧 농사와 관련된 업무를 직·간접적으로 맡았지만, 충남도에서 농림수산국장을 맡으며 본격적으로 농업정책에 참여했다. 충남은 전국 1위와 2위 자리를 다투는 전통적 농업도이다. 넓은 농토와 많은 농가가 있는 지역이다보니 그만큼 해결해야 할 농촌관련 업무도 많았다. 냉해, 가뭄, 산불, 태풍, 수해, 전염병 등등 끊임없이 찾아오는 각종 재해들을 해결할 방안을 찾아 숨 고를 틈도 없이 한 해를 보내야 했다. 계속되는 시련을 극복해가면서 농업에 대한 인식이 많이 바뀌었다. 가장 우선적으로 보호해주어야 할 산업이 농업이라는 사실을 재차 인지하게 됐고, 농민에 대한 애틋한 마음은 더욱 커져갔다.

특히 농림수산국장으로 재임하던 시절에는 안희정 도지사가 취임 직후부터 기치로 내건 '3농정책'(농업, 농민, 농촌 보호육성책)'을 직접 입안하는 업무를 맡았다. 젊은 민선도지사인 안 지사는 취임 이후 어느 자리에서든 농업에 대한 관심과 애정을 표출하며 3농정책의 실천을 약속했다. 실제로 안 지사는 임기 내내 3농정책에 대한 지대한 관심을 보였다. 농림수산국장으로 지사의 의중을 누구보다 잘 알고 있던 나는 충남도의 현실에 맞는 3농정책을 마련하기 위해 관련 정보와 지식을 습득해가며 불철주야 농업 사랑에 빠져들었다. 농업에 대한 신념과 이해가 넓고 커진 시기가 바로 충남도 농림수산국장 재임 시절이다.

내고향 서천은 서해 바다와 맞닿은 평야지대로 예부터 밭농사보다는 수도작 위주의 농업이 주를 이뤘다. 그러나 전통적으로 질소질 비료를 많이 사용하는 영농법이 주류를 이루며 상대적으로 많은 수확을 거두기는 하지만 질은 떨어지는 쌀을 생산하고 있다. 이 점은 서천 농업인들이 시대에 맞게 다소의 의식전환이 요구되는 점 중 하나이다. 쌀 소비는 점차 줄어들고 있고, 생산량은 늘고 있는 정황을 볼 때 소출은 다소 떨어지더라도 고품질의 쌀을 생산하기 위한 전략 수정이 절대 필요한 시점이다.

서천의 농업은 특히 전국 시상에서 이름을 떨치는 마땅한 특용작물이 없는 단점을 갖고 있다. 다수의 고령 농민들이 시설 투자에 대한 부담을 갖고 있는데다 기술적 노하우를 갖고 있지 못하기 때문으로 보인다. 서천과 인접한 부여의 경우 방울토마토, 수박, 메론, 버섯, 밤 등이 전국에 이름을 떨치는 특산물들이다. 하지만 바로 옆에 위치한 서천은 이렇다 하고 내세울 만한 특작물이 없다. 참으로 안타까운 사실이다. 앞서 밝힌 대로 투자에 과감하지 못하고 노하우가 축적되지 않았기 때문이다.

생태도시와 산업도시로의 변화를 도모하고 있지만 서천은 아직도 전통적인 농업지역이다. 서둘러 서천지역의 기후와 토양에 맞는 특작물을 발굴해내고 기술을 보급해 농가들이 고소득을 창출할 수 있는 길을 열어주어야 한다. 일부 농가를 방문해 확인해보니 고사리와 쪽파, 버섯 등을 중심으로 한 특용작물 보급이 적극 추진되고 있어 그나마 다행이라고 여기고 있다. 하지만 아직은 걸음마 단계로 미흡한 점이 많고 마케팅에도 보다 적극적인 투자가 이루어져야 한다는 점을 느꼈다. 서천을 대표할 특용작물이 하루빨리 개발되고 전국적으로 입소문이 나야 한다. 가장 시급한 농업 분야의 과제이다.

어업에 대한 생각

추억은 식물과 같아 신선할 때 심지 않으면
뿌리를 내리지 않는다.
— **생트 뵈브(프랑스의 시인)**

내가 어려서 고향에서 자라며 지켜 본 장항의 모습은 화려했다. 제련소와 비료 공장을 중심으로 공업이 발달한 신흥도시였고, 항구에는 어선과 상선이 수시로 드나들어 문전성시를 이뤘다. 장항을 중심으로 주변지역은 공업도시이면서 항구도시로서 타 지역의 부러움을 사는 곳이었다. 태평성대가 따로 없을 풍요로운 고장이었다. 그러나 제련소와 비료공장의 기능이 약화되면서 지역은 급격히 쇠락하기 시작했다. 설상가상 금강하굿둑이 생겨나며 해수유통이 차단된 이

후 토사가 높이 퇴적되기 시작하며 장항항은 어항으로서의 기능을 잃었다.

그러면서 장항은 더 이상 공업도시도, 항구도시도 아닌 시골마을로 변하기 시작했다. 이보다 앞서 1917년 일제 강점기 시절에는 전북과 충남의 해상 도계가 불합리하게 조정돼 장항 어민들은 눈 앞에 보이는 바다가 행정구역 상 전북지역이라는 이유로 어업활동을 할 수 없게 됐다. 동시다발적으로 악재가 겹치면서 장항을 위시한 서천의 해상 관련 산업은 몰락을 이어갔다. 그래서 장항의 항구 기능을 되찾기 위해서는 하굿둑 수문을 열어 해수를 유통시키고 불합리한 해상도계를 바로잡아야 한다는 것이 지역의 일반적 여론이다. 하지만 복잡한 이해관계가 얽히면서 두 문제 모두 쉽게 해결되지 않고 있다. 꼭 풀어야 할 과제이다. 누가 이 문제를 풀 수 있을까?

서천은 전국에서 알려진 김 생산지이다. 양도 많이 생산되지만 품질이 좋아 으뜸으로 치는 것이 서천김이다. 그런데 양질의 김을 대량 생산하면서도 서천은 김 생산지로서의 명성을 얻지 못하고 있다. 김을 가공하는 기술이 발달돼 있지 않아 생산된 김이 외지로 유출되기 때문이다. 특히 조미김의 경우, 홍성 광천 등지로 유출돼 오히려 가

공공장을 갖춘 지역이 김으로 유명세를 타고 있다. 누구나 인지하고 있는 문제이지만 웬일인지 해결이 되지 않고 있다. 서천김을 브랜드화시키고 품질관리를 강화하려는 노력이 절대 필요하다.

서천은 홍원항을 중심으로 주꾸미, 갑오징어, 광어, 도다리, 광어 등이 많이 잡히는 어항을 형성하고 있다. 그러나 이 또한 영세성을 면치 못해 특화시키지 못하고 있다. 서해안을 끼고 있는 많은 지역 가운데 서천은 미네랄의 보고라고 평가받고 있는 개펄을 갖고 있다. 품질 좋은 수산물이 잡히는 곳이지만 역시나 유명세를 타지 못하고 있다. 서천의 해양산업을 발달시킬 특단의 대책이 필요하다.

그나마 다행인 것은 서천 시가지에 새롭게 조성된 특화시장이 값싸고 품질 좋은 수산물을 구입할 수 있는 곳으로 유명세를 타고 있다는 점이다. 특화시장의 성공 사례를 교훈 삼아 수산업을 진일보 시킬 수 있는 새로운 방안이 마련돼야 한다. 서천지역 많은 항구 가운데 가장 활성화돼 있는 장항항, 홍원항 등 여러 곳에 제2, 제3의 특화시장을 조성해 관광자원화시키려는 시도가 필요하다. 앞으로는 해양의 시대, 특히 서해안의 시대가 펼쳐질 것이다. 천혜의 서해 황금어장을 확보하고 있는 서천은 해양자원을 통해 지역 발전을 도모할 수 있는 길을 모색해야 한다. 번성했던 항구인 장항 출신인 나로서는 서해안을 활용한 서천지역의 어업 및 수산자원 개발이 큰 관심사 중 하나이다.

학사모를 씌워준 방송통신대학교

학문을 아는 자는 이를 좋아하는 사람만 못하고,
학문을 좋아하는 자는 이를 즐기는 사람만 못하다.
— 공자(중국의 철학자)

지방에서 나름 알려진 명문고교를 다니며 상위권 성적을 유지했던 나는 국내 빅3 대학 진학을 꿈꿨다. 법학과에 진학해 사법시험을 보겠다는 꿈을 고교 때부터 키웠다. 그래서 고집스럽게도 무려 4년이란 긴 세월을 특정대학 특정학과에 진학하기 위한 집념을 불태웠다. 하지만 매번 입시를 치를 때마다 꼭 한 뼘 차이로 낙방의 고배를 마셨다. 결국 나이가 차서 군에 입대할 수밖에 없었고, 군에서 전역한 후 1년 남짓의 준비 끝에 준 고시라고 하는 7급 공무원 공채에 합격해 공무원의 길을 가게 됐다.

공무원 생활을 하게 된 직후, 아직 젊은 내가 대학 진학을 쉽게 포기해서는 안 된다는 생각을 갖게 됐고, 공무원 입문 이듬해인 1982년 방송통신대학에 입학하게 됐다. 내가 입학하기 직전의 방송통신대는 2년제였다. 학제가 개편돼 5년제로 바뀌고 학사학위를 부여하는 첫해에 내가 입학하게 된 것이다. 정규대학을 준비할 때는 법학과 진학을 희망했지만 일단 공무원 신분이 된 후에는 행정학과로 방향을 선회했다. 공무원으로 직무를 수행하기 위해서는 법학보다는 행정학을 전공하는 것이 훨씬 필요할 것이라고 생각했다. 그래서 나는 방송통신대학 행정학과 학사 1기 졸업생이 됐다.

당시 방송통신대가 5년제로 개편되고 학사학위를 부여하는 것으로 바뀌었지만 나는 학점을 서둘러 취득해 4년 만에 졸업장을 받을 수 있었다. 라디오를 통해 강의를 열심히 청취했고, 여름과 겨울 시즌에 출석수업을 할 때는 며칠간 휴가를 내고, 결강 없이 꼬박 강의를 받았다. 당시 나는 서울대학교 부설 방송통신대학을 다녔고 행정학과가 속했던 문리과대학은 서울 종로구에 위치하고 있었다. 그래서 여름과 겨울 1년에 두 차례는 서울대 캠퍼스에서 공부를 했다. 뒤늦게 대학에 다닌다는 것이 다행스럽게 여겨져 무척 열심히 공부했다. 주경야독의 힘든 생활이었지만 달게 이겨냈다.

예나 지금이나 방송통신대학은 입학은 쉬워도 졸업이 어려운 대학으로 알려져 있다. 그만큼 도전하는 이들은 많지만 실제로 학위를 따고 졸업하는 이들은 도전하는 이들에 비해 많지 않았다. 남들보다 1년 먼저 학사모를 쓰게 된 나는 그 뒤 대전에 와서 충남도에 근무하며 충남대학교 행정대학원에 입학해 1년 과정을 마쳤지만 서산부시장으로 발령이 나는 바람에 그 뒤로 학업을 계속하지 못하고 현재까지 휴학 상태를 유지하고 있다. 어렵게 학사학위를 취득했던 의지를 살려 머지않아 석사 학위도 꼭 성취하겠다고 다짐을 한다.

4년의 준비를 했음에도 지나치게 특정학교에 집착해 정규대학에 입학하지 못한 것은 지금도 무척 후회스러운 일 가운데 하나이다. 방송통신대학을 통해 학사졸업장을 땄지만 서운함과 아쉬움이 모두 해소된 것은 아니다. 그렇지만 방송통신대학은 내게 큰 아쉬움이었던 학사모를 쓰게 해주었을 뿐 아니라 당당히 대학졸업자로 생활할 수 있게 해준 고마운 존재이다.

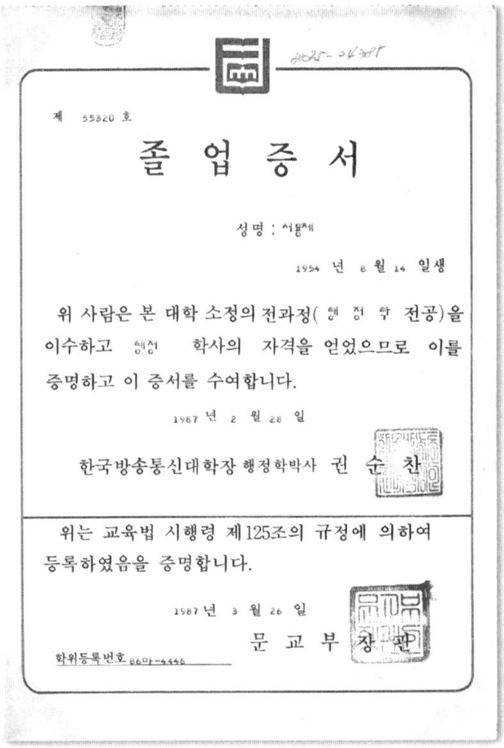

제 55320 호

졸 업 증 서

성명 : 서용제

1954 년 8 월 14 일생

위 사람은 본 대학 소정의 전과정(행 정 학 전공)을 이수하고 행정 학사의 자격을 얻었으므로 이를 증명하고 이 증서를 수여합니다.

1987 년 2 월 28 일

한국방송통신대학장 행정학박사 권 순 찬

위는 교육법 시행령 제125조의 규정에 의하여 등록하였음을 증명합니다.

1987 년 3 월 26 일

문 교 부 장 관

학위등록번호 86아-4446

방송통신대학에 재학

하는 동안 누구보다 열심히 공부했고, 성실히 학교생활에 임했다. 그래서 방송통신대학에 진학한 것은 지금 생각해도 후회 없는 선택이었다.

내가 그러했듯이 중년 이상의 공무원 가운데는 가정형편상 또는 개인적 사정으로 대학 진학을 하지 못하고 공직에 투신한 경우가 상당히 많다. 그들 중 상당수가 방송통신대학을 통해 학사학위를 취득했고, 나아가 석사와 박사 학위까지도 성취했다. 방송통신대학은 자신의 피나는 노력이 뒤따르지 않으면 졸업하기 어려운 대학이다. 그만큼 성실해야 하고 강한 의지가 뒤따라야 한다. 정규대학에 비해 월등히 많은 노력을 기울여야 비로소 졸업장을 움켜쥘 수 있는 대학이다. 방송통신대학은 내게 참 고마운 존재이다. 대한민국에 존재하는 참 훌륭한 교육제도이다.

공직에서 나의 길잡이가 되신 분들

은혜를 감사로써 받는 사람은
그 빚의 처음 일회분을 갚는 셈이다.
— 세네카(로마의 철학자)

31년 여 동안의 공직생활을 통하여 사회를 배워나가는데 많은 분들이 가르침과 격려를 주셨다. 때로는 선배로서, 때로는 멘토로서, 때로는 동료로서 길잡이가 되었으며 나의 부족함을 채워주셨던 분들이다. 비록 고향이 다르고 출신학교가 다르다 하더라도 개의치 아니하고 공동의 목표만을 위하였던 것 같아 지금도 그때를 생각하면 가슴이 뭉클해진다. 너무도 감사한 마음에 몇 분만 간략히 소개해 본다.

유정복 현 안전행정부 장관은 나의 공직생활을 통틀어 가장 잊을 수 없는 분이다. 행정고시를 합격하여 5급 사무관으로 임관하 ㄴ그는 나보다 나이는 적었지만 나의 상관이었다. 내무부 행정과 고시계장으로 근무하시면서 나와의 인연은 맺어졌다. 젊은 나이였지만 그는 의지가 강했고, 친화력이 대단했다. 언제나 겸손했고, 당당했다.

내무부에서 시작된 우리의 인연은 이후에도 이어졌다. 내가 충남도 농림수산국장으로 재직할 때 그는 농림수산식품부 장관이었다. 농정과 관련된 업무를 중앙과 지방에서 맡아보는 관계여서 만날 기회는 여러 번 있있다. 한번은 농촌체험 시범지로 선정된 아산시의 외암 마을에 왔을 때 나와 너무도 격의없이 지내는 모습을 보고, 자리를 함께한 공무원과 주민들이 “장관이 도청 국장과 저렇게 스스럼없이 지낼 수 있느냐?”며 그분의 성품에 놀라움을 표하였다. 참으로 훌륭하신 분을 만난 나는 행운아였다.

내무부에 근무하던 시설, 영향을 많이 받은 분 중에 전 대통령 비서실장을 역임하신 허태열님은 행정국장으로 모시며 많은 배움이 있었고, 강운태 광주광역시장님은 행정과장으로, 이경옥 안전행정부 차관님은 공무원 연수원에서 과장님으로, 박맹우 울산광역시장님은 계장님으로, 권선택 전 국회의원님은 행정과장과 민방위국장님으로 두 번, 이철환 당진시장님은 차석으로, 이광준 춘천시장님과 이시종 충북지사님은 과장으로, 한범덕 청주시장님은 계장으로 모시며 나에게는 멘토가 되어주신 분들이다. 이 기회에 모든 분들께 감사를 표한다. 이외에도 행정자치부, 경기도청과 충남도청, 부여군청, 서산시청 등에 근무하면서 고마움을 주신 분들이 전·현직으로 전국에 많이 계시지만 거론드림에 누가 될까 우려된다. 돌이켜보면 시·도지사, 시장, 군수, 구청장을 정부가 임명하던 시절에는 내무부 출신들이 지방에서 많은 활약을 하였고 그 후 지방자치제가 되면서 일부는 선거직 단체장에, 일부는 국회의원이 되셨다. 내 인생에 적지 않은 영향을 주셨고 그분들 한분 한분을 지금도 존경하고 있다.

스포츠에 대한 생각

인생의 경쟁에서 육체가 아직도 입장을 고수하고 있음에도
영혼이 기절하는 것은 영혼의 수치이다.
— **아우렐리우스(로마의 황제)**

충청남도 체육업무 전반을 총괄하는 책임을 맡은 이후 체육에 대한 남다른 애정과 관심을 갖게 됐다. 88서울올림픽과 2002년 한일 월드컵을 치르면서 전 국민들의 체육에 대한 의식은 크게 바뀌었고, 나 역시 그 두 대회를 통해 체육에 대한 큰 인식의 변화를 갖게 됐다. 엘리트체육에서 출발한 한국체육은 점차 생활체육으로 범위를 빠르게 넓혀가고 있고, 참여하는 체육이 자리를 잡아가고 있다. 하지만 엘리트 체육의 몫은 여전히 중요하게 평가받고 있다. 우선은 엘리트

선수들의 경기를 지켜보는 이들에게 감동과 희열을 선사할 수 있을 뿐 아니라 체육활동을 하고 싶은 동기 부여를 한다는 점이 중요하다. 그런 점에서 생활체육의 시발점은 엘리트체육이다.

많은 사람들 가운데는 엘리트체육을 이데올로기 시대의 산물이라고 여기며 터부시하는 이들이 있다. 이들은 생활체육의 가치는 보편적으로 인정하지만 엘리트체육의 가치를 폄훼하는 편이다. 하지만 그런 시각은 엘리트체육이 생활체육 지도자를 양성하는 과정이기도 하고 다수의 국민들에게 체육활동에 대한 동기부여를 제공하는 중요한 몫을 차지한다는 점을 간과하는 것이다. 엘리트체육은 오히려 생활체육의 선두에 자리하며 다수의 생활체육인들을 끌고 가는 역할을 해주어야 한다. 그런 면에서 학교체육의 활성화가 무엇보다 시급하다. 전근대적인 선수육성 시스템도 대폭 손질해야 한다.

일부 복지 자상주의자들 가운데는 체육의 가치를 평가절하하려는 경향을 보이는 이들이 있다. 이들은 빈민을 구제하고 그들에게 의료서비스 등을 제공하는 것을 최상의 가치로 여긴다. 하지만 아픈 사람에게 약을 주는 것보다 중요한 것이 그들이 건강한 삶을 유지하도록 체육활동의 기회를 제공하는 것이다. 체육활동을 통해 건강을 지키면 의료비를 대폭 줄일 수 있고, 양질의 삶을 제공할 수 있다. 그런 면에서 '체육활동을 지원하는 것은 복지에 역행하는 일이고, 의료비를 지출하는 일은 복지에 순응하는 일'이란 잘못된 관념을 바로 잡아야 한다.

대한민국은 체육 강국 이미지를 통해 경제와 문화를 이끌었다. 국민들에게 힘과 용기를 안겨주고 자신감을 선물한 체육인들은 고마운 존재이다. 엘리트체육과 생활체육이 공존하며 발전하고 있는 현재가 체육에 대한 전반적인 인식을 바꿔야 할 시점이다. 체육은 진정한 복지이며 우리 삶의 질을 끌어올려줄 절대적 요소이다. 국민 모두가 즐겁게 체육활동을 즐기는 나라가 진정한 복지국가이다. 대한민국은 국민 누구나 체육활동을 자유롭게 즐길 수 있는 여건을 만들어 체육복지 국가를 이루어나가야 한다.

특히 각 지역에 대규모 종합운동장과 실내체육관 등 체육시설을 조성하고, 전문 시설을 설치하는 것도 중요하지만 각 마을마다 소규모 체육시설로 게이트볼장, 족구장, 풋살장, 배구장 등등을 만들어 주는 것이 무엇보다 중요하다. 시골지역의 경우, 지역의 중심기관 역할을 하고 있는 각급 학교에 보다 많은 체육시설을 설치해 수민들이 자유롭게 이용할 수 있도록 해주는 것도 절대 필요하다. 체육은 절대 사치가 아니다. 국민 모두가 즐겨야 할 대상이며 진정한 복지로 가기 위한 필수조건이다.

인구가 힘이다

자식이 없는 사람은 사는 이유를 모른다.
— **독일의 속담**

우리나라 남한의 인구는 5000만 명을 넘어섰다. 북한은 대략 남한의 절반 수준인 2500만 명이 조금 못된다. 해외동포는 700만 명으로 남북한과 해외동포를 모두 합하면 우리 한민족 인구는 8200만 명 정도로 추산된다. 이는 결코 적지 않은 인구로 세계 20위권 이내에 속한다.

우리는 면적이 작은 국토에서 살고 있지만 결코 적지 않은 인구를 보유하고 있다. 그 인구를 바탕으로 우리는 경제대국을 이뤘고, 군사

대국 반열에 올랐다. 더불어 체육강국이며 문화강국이기도 하다.

국내 인구의 절반이 거주하고 있는 수도권은 인구를 바탕으로 무엇을 해도 최고이고 최강이다. 인구가 많은 대도시는 많은 세원을 확보할 수 있고 이를 바탕으로 많은 혜택을 지역민들에게 돌려줄 수 있다. 하지만 반대로 인구가 없고 세원이 없는 농어촌은 점차 피폐해질 수밖에 없는 상황이다. 성장 동력을 잃어 무엇을 해보려 해도 성취해내기가 참으로 어렵다. 인구가 없어서 세원이 없고, 세원이 없어서 혜택을 베풀 수 없고, 모든 것이 열악하니 떠날 수밖에 없는 빈곤의 악순환이 우리나라 시골지역에서 되풀이되고 있다. 참으로 안타까운 일이다.

전통적인 농업국가이던 우리나라는 70년대 이후 산업화시대를 맞으며 농촌인구의 이탈이 시작됐다. 전국 대부분의 농촌지역 인구가 불과 10년 만에 절반 이하로 급락했고, 그런 현상은 지금도 계속되고 있다. 더구나 농촌지역은 심각한 고령화가 진행되며 근로인력이 없는 또 다른 문제점을 야기하고 있다. 한국 정부가 풀어야 할 많은 과제 중에서 농촌의 인구감소와 고령화는 가장 심각한 문제로 부상하고 있다. 이 심각한 문제를 해결하지 못하면 농촌의 미래는 없다고 단정적으로 말할 수 있다. 농촌인구 회복을 위한 특단의 대책이 마련돼야 한다.

내 고향 서천의 경우, 60년대 후반과 70년대 초반 최고의 인구수를 기록했고 대략 13만~14만 명이 거주했던 것으로 기억된다. 다른 지역보다 먼저 산업화를 맞아 제련소가 운영되고 비료공장이 가동했던 장항은 서천지역에서 가장 번성한 곳이었다. 그러다 제련소와 비료공장 기능이 약해지고 설상가상 금강하굿둑이 생겨나며 해안가에 토사가 쌓여 항구 기능마저 제대로 수행할 수 없게 되자 도시는 급격히 위축되기 시작했다. 더불어 썰물처럼 인구가 유출되기 시작했다. 이 같은 현상은 서천군 전 지역에서 나타났다.

전국의 모든 농어촌지역에서 젊은이들의 도시행렬이 이어졌지만 서천은 특히 심했다. 불과 수년 만에 10만 명 인구가 무너졌고, 1만 명의 인구가 줄어드는 데는 불과 몇 년이 걸리지 않았다. 지금은 6만 명 인구조차 무너져 5만 8천 명 수준을 보이고 있다. 도내 각 시군과 비교하면 계룡시와 청양군보다는 많고, 태안군과 금산군과 비슷한 수준으로 나머지 모든 시군보다는 인구가 적다. 사실 더 이상 빠져나갈 인구도 없는 상황이다. 그래서인지 통계상으로 미루어 외지로의 유출은 염려할 수준이 못되지만 자연감소에 따라 인구가 지속적으로 줄어드는 추세이다. 언제 5만 명의 인구 벽까지 무너질지 가슴이 졸여지는 상황이다.

지역을 활성화시키고 발전을 이루려면 첫째 조건으로 인구를 유입해야 한다. 국가도 지역도 모두 인구가 힘인 까닭이다. 인구를 농어촌지역으로 유입하기 위해서는 너무도 많은 일들을 해내야 한다. 하지만 지금 상황에서 교육, 의료, 교통, 주거 등 산적한 문제를 단번에 해결할 수는 없는 일이다. 어느 지역이든 농어촌 시군은 할 수 있는 작은 것부터 인구 유입을 위한 절차를 하나씩 풀어가야 한다. 교육이든, 의료든 가능한 일부터 순차적으로 풀어가며 장기적인 안목으로 인구 유입을 준비해야 한다.

특히 각 시군들이 경쟁적으로 벌이고 있는 귀농인구 유치 정책은 뚜렷한 한계를 갖고 있다. 귀농정책을 통해 유치할 수 있는 인구는 지극히 제한적일 수밖에 없다. 물론 농촌에 한 명이라도 젊은 인구를 수혈하기 위해 귀농정책은 지속적으로 추진돼야 한다. 다만 귀농정책을 통한 인구 유입에만 몰두하는 것은 인구 유입정책에 실효를 거두기가 참으로 어려운 만큼 산업화와 더불어 병행돼야 한다. 대규모 기업을 유치하는 것보다 빠른 지역발전과 성장 동력 확보는 사실상 없다. 경제인구를 유입해야 지역의 소비가 살면서 실질적인 삶의 변화를 이끌어 낼 수 있다.

서천군을 비롯한 서해안 지역의 각 시군은 앞으로 전개될 환황해권 시대에 대비해 중국으로 가는 전진기지로서의 역할에 충실해야 한다. 중국을 겨냥한 공장을 유치해야 하고, 중국을 겨냥한 항로를 개발해야 한다. 더불어 중국인 관광객을 유치하기 위한 전략을 마련해야 한다. 앞으로의 시대가 서해안 시대라는 말은 호사가들의 괜한 말장난이 아니다. 이 문제를 얼마만큼 고민하고 해법을 찾아내느냐에 따라 서해안의 많은 시군 가운데도 앞질러 나가는 곳과 뒤처지는 곳이 발생할 수밖에 없다. 그래서 서천은 지금 중대한 기로에 서 있다고 생각한다.

히딩크와 한국 축구

건강한 신체는 영혼의 객실이요,
병약한 신체는 그 감방이다.
— F. 베이컨(영국의 철학자)

2002년 전 세계를 열광시킨 한국 축구. 그 중심에는 히딩크라는 명장이 있었다. 네덜란드인으로 한국축구의 지휘봉을 잡은 그는 불과 몇 개월 만에 한국축구의 모든 것을 바꿨다. 아울러 한국인들에게 세상을 보는 새로운 안목을 갖게 해주었다. 지도자의 역할이 얼마나 중요한 것인지를 가장 정확하게 인지시켜준 인물이 히딩크 감독이다. 그가 한국국가대표팀을 변화시켜가는 모습을 보면서, 한 경기 한 경기 특유의 용병술을 앞세워 기적을 이뤄가는 모습을 보면서 우리는 그의 마법에 빠져들었다. 나 역시 전에 보지 못한 히딩크의 마술같은 용병술을 보면서 많은 것을 느끼고 배웠다.

그러면서 한편으로 한국축구가 과감하게 외국인 명장 감독을 유입하지 않고 고집스럽게 한국인 감독에게 팀을 맡겨 월드컵을 치렀다면 어떤 결과를 초래했을까를 생각해보았다. 나를 포함한 다수의 국민들은 4강의 신화 창출이 불가능했을 것이라고 생각했을 것이다. 보다 가혹하게 말하면 4강은 고사하고 당시 목표로 삼았던 16강 진출조차 어려웠을 것이라고 생각했을 것이다. 히딩크는 한국 축구가 왜 취약할 수밖에 없는지를 제대로 파악했고, 그것에 대한 해결법을 정확하게 처방했다. 그래서 한국 국가대표팀은 불과 수개월 만에 전혀 다른 팀으로 변했다.

히딩크가 한국 축구를 단기간에 바꿔 놓은 것은 훌륭한 지도자가 얼마나 많은 일을 할 수 있는지를 간접 증명해 보인 사례이다. 우리 모두는 히딩크에게 열광했고, 그가 우리에게 보여준 '세상을 보는 새로운 눈'에 더욱 열광했다. 히딩크에 열광하기에 앞서 한 번쯤 생각해볼 일이 있다. 과감하게 히딩크를 영입시켜 그에게 지휘봉을 내주기로 결정한 대한축구협회의 결정이다. 대한축구협회의 그러한 결정이 없었던 들 히딩크는 한국축구의 국가대표팀 감독이 될 수 없었다. 결국 그를 선택한 것은 대한축구협회였다.

그를 선택함으로서 대한축구협회는 온 국민의 한을 풀어주었고, 국민들로부터 열렬한 지지를 받았다. 다수의 국민들은 히딩크의 용병술과 전략에 대해서만 생각할 뿐 근본적으로 그를 영입한 대한축구협회의 과감성에 대해서는 달리 별 말이 없다. 히딩크는 한국에 대해 알지 못했다. 그저 원칙에 충실할 뿐이었다. 그가 지휘봉을 잡은 초기 다소 이해 못할 행동이 TV화면에 비쳐지면서 다수의 국민들은 의아스러움을 가졌지만 그를 지켜봤다. 인내심을 갖고 그를 지켜봐 준 국민들도 히딩크의 전략을 성공으로 이끌게 한 큰 원동력이 됐다.

히딩크를 통해 유능한 지도자를 선택하는 것이 얼마나 중요한지를 깨달았지만 한국인들은 여전히 이전의 수구적 행태를 보이는 경우가 많다. 특히 시골지역의 경우 혈연이나 지연에 호소하는 감정주의가 여전히 팽배하고 있고, 이로 인해 더 없이 좋은 기회를 상실하는 경우가 많다. 한국 축구가 월드컵 4강에 진출하기 위해 파란 눈의 외국인 히딩크를 영입한 것이 주효했듯 지역발전을 이끌 지도자를 영입하는 데는 아직도 수구적인 자세가 팽배해 있다. 히딩크를 통해 지켜봤듯 유능한 지도자는 짧은 시간에 천지를 개벽시킬 수 있다. 국민 다수에게 엄청난 꿈과 희망을 안길 수 있다면, 묵은 염원을 풀어줄 수 있다면 그가 파란 눈을 가졌든, 갈색 눈을 가졌든 중요하지 않다. 그것은 모택동이 말했던 '흑묘백묘' 이론과도 일맥상통한다. 히딩크를 받아들일 수 있는 넓은 안목과 결단성은 결국 우리 자신의 몫이다.

서해로 돌아온 연어

귀향이란 근원으로 가까이 돌아가는 일이다.
— **하이데거(독일의 철학자)**

연어는 계곡 맑은 물에서 태어나 바다로 나가 청춘을 보내고 다시 계곡으로 돌아와 산란을 하고 생을 마감하는 회귀성 어종이다. 국내의 경우, 동해안 양양과 강릉 일대 남대천 등 하천에서 연어를 목격할 수 있다. 연어는 푸른 바다를 헤치고 거친 파도와 맞서며 꽤나 치열하게 청춘을 보내지만 결국 후손을 남기고 생을 마감하기 위해 고향인 계곡을 찾는다. 모든 것을 바치기 위해 고향을 찾는 연어를 생각하면 잠시 숙연한 생각마저 들기도 한다.

연어는 동해에서만 볼 수 있는 어종으로 서해에서는 볼 수 없다. 하지만 나는 서해의 연어가 되고 싶다. 어려서 고향에서 나고 자란 나는 직장을 찾아 고향을 떠났다. 고향을 떠나 객지에서 거칠고 치열하게 청춘을 보낸 나는 흡사 연어처럼 살았다고 자부한다. 경기도에서 출발해 선임 중앙부처인 내무부에서 전국의 인재들과 경쟁해가며 몹시도 치열하게 청춘을 보냈다. 공직 중반 이후에는 고향인 충남으로 돌아와 주요 보직을 맡으며 충남과 서천을 위해 마지막 에너지를 모두 뿜어냈다.

공직 은퇴와 더불어 고향으로 돌아온 나는 산란을 앞둔 연어처럼 고향을 위해 내 모든 것을 바치기 위한 준비를 하고 있다. 그것이 어떤 일이어도 좋다. 드넓은 큰 바다에서 치열하게 생활하며 배운 나만의 노하우를 고향을 위해 맘껏 발산하고 싶은 것이 나의 간절한 마지막 소원이다. 연어는 보다 넓은 세상에서 보다 많은 일들을 경험하기 위해 대양에서 청춘을 보낸다. 그래서 고향 계곡을 지키지 못했다. 하지만 튼실한 알을 고향 계곡에 뿌리기 위해 죽음을 무릎 쓰고 다시 먼 길을 되돌아온다.

나는 서해의 연어이고 싶다. 내 고향 서해안에 나의 모든 열정과 정열을 내려놓고 싶다. 젊어서 고향을 지키지 못한 것은 보다 많은 경험을 하고, 체력을 길러 풍성한 모습으로 고향에 돌아오기 위함이었다. 누가 고향을 지켰나보다 중요한 것은 누가 고향을 위해 모든 것을 바칠 준비가 돼 있느냐의 여부이다.

면사무소부터, 군청과 시청, 도청과 중앙부처까지 전 과정을 거쳐 기초체력을 쌓고 풍부한 노하우로 무장한 채 고향으로 돌아온 나는 진정한 서해의 연어가 되고 싶다. 사력을 다해 연어의 모습으로 나타나 히딩크 같은 용병술을 앞세워 서천에 희망을 주면서 군민들과 살 부딪히며 살아가고 싶다.

PART 3부

내 인생의 목표를 흔든 지방자치제

내 고향 서천, 장항

우리는 모든 것을 빼앗겨도 견딜 수 있지만,
자부심만은 빼앗기면 견딜 수 없다.
— 해즐리트(영국의 수필가)

누구나 어린 시절과 고향을 생각하면 가슴이 시리다. 혹독한 시련의 세월을 보낸 장년층 이상이라면 고향에 대한 감정은 더욱 애틋하다. 어린 시절에는 실향민들이 왜 그토록 고향을 그리워하는지, 고향을 말하며 왜 그리도 목 놓아 우는지 알지 못했다. 철이 들고 난 후부터 고향을 알았다. 언제라도 찾아갈 고향이 있다는 사실이 이토록 고마운 일인지 철없던 시절에는 미처 알지 못했다.

내가 태어나 자란 곳은 충남 서천군 장항읍 원수리3구 미내미 마을이다. 지금은 리(里)가 됐지만 내가 태어나 자라던 당시에는 인구가 제법 많은 큰 마을이어서 원수동(洞)으로 불렸다. 장항 읍내에서 대략 3㎞ 떨어진 동네는 전형적인 충청도 농촌마을의 모습이었다. 비교적 뜰이 넓어 벼농사를 많이 지었고 구릉지가 발달돼 있어 밭작물도 고르게 재배됐다. 바다가 가까워 사철 먹을거리가 넘쳐나는 풍요로운 마을이었다. 아침이면 산 너머에서 이글거리는 태양이 솟아오르고 저녁이면 서해바다로 해가 넘어가며 연출하는 붉은 노을이 어느 곳보다 아름다운 마을이었다. 잘사는 집도 못사는 집도 큰 차이가 없었다. 모두 비슷한 환경 속에서 살았다. 우리 마을은 집성촌은 아니었지만 그래도 집안인 서(徐) 가들이 유난히 많은 마을이었다. 마을 구성원의 절반은 가깝거나 먼 친척이었다.

한국전쟁이 발발하고 3년 뒤인 1953년(癸巳年), 나는 이 마을에서 아버지 서몽학씨와 어머니 박분여씨 사이에서 2남3녀 중 막내로 태어났다. 농사를 짓는 가정이다 보니 부모님을 비롯한 모든 가족 구성원들은 늘 힘든 노동에 시달려야 했다. 연로하신 할머니도 늘 농사일을 도우셨다. 막내라는 이유로 형이나 누나들보다 농사일을 거드는 일은 상대적으로 적었지만 그래도 미력한 힘을 보탰다. 가정형편은 넉넉하지 못했지만 모두들 열심히 일을 한 덕에 궁핍하지도 않았다. 아름다운 전원마을에서 나고 자란 어린 시절은 늘 행복했다.

아버지는 내가 어렸을 때부터 늘 충청인이란 자긍심을 심어주셨다. 서천사람이란 자긍심도 심어주셨다. 그래서 자연스럽게 충청도 사람, 서천사람, 장항사람이란 의식을 갖고 생활했고 그런 의식은 지금까지도 내 의식 속에 깊이 각인돼 있다. 지금도 서천이란 말만 들어도 장항이란 말만 들어도 가슴이 따듯해지고 그리움이 사무친다. 지역세가 날로 약해지고 발전이 더딘 소외된 지역이지만 서천은 언제나 내 마음을 따듯하게 데워주는 나의 사랑스러운 고향이다.

오랜 공직생활을 하면서도 고향 서천을 잊은 적이 없고, 고향을 위해 내 작은 힘을 보태고 싶다는 생각을 머릿속에서 지워본 적이 없다. 풍요로운 산과 들과 바다가 공존하는 내 고향 서천! 순박하고 욕심 없는 사람들이 모여 사는 아름다운 내 고향 서천! 내 조상과 부모가 잠들어 계신 곳이고, 내가 이 세상을 떠나 백골이 되어도 영원히 묻힐 땅 서천! 서천은 이 지구상에서 내가 가장 사랑하는 땅이다. 서천을 위해 나는 무엇을 할 수 있을지, 서천의 부흥을 위해 어떻게 해야 하는지를 늘 생각한다. 서천을, 장항을 너무도 사랑하기 때문이다.

장항의 옛 모습

우리들이 쫓겨나지 않고 지낼 수 있는
유일한 낙원은 추억이다.
— **잔 파울(독일의 작가)**

2013년 현재 1만 3천 8백여 명의 인구가 거주하고 있는 장항읍은 반세기 전 3만 명이 넘는 인구가 살던 곳이다. 육로 교통이 발달되기 전인 50여 년 전에는 철도를 중심으로 도시와 산업이 발달했다. 1931년 장항선이 개통되며 교통도시로 거듭난 장항은 하루가 다르게 인구가 늘었고, 거리엔 사람들로 넘쳐났다. 장항선이 개통되자 항만이 생겨났고, 시가지가 정비돼 당시로서는 전국에서도 손꼽히는 앞서가는 전도유망한 도시였다. 1만t급 이상의 선박 2척이 동시에 접

안할 수 있는 부교시설을 비롯하여 임항창고 13동(3330평)이 신축돼 2만 톤의 화물 보관이 가능했다. 이런 이유로 1964년 7월 장항항은 국제항으로 승격되었다.

훌륭한 항만시설과 함께 장항선 철도 종점이던 장항은 탁월한 교통 여건을 바탕으로 일제강점기이던 1936년에 남한 유일의 건식 제련소인 장항제련소가 건설되었다. 이곳 장항제련소에서는 국제항을 통해 수입된 인광석을 원료로 금, 은, 동, 납, 아연 등 비철금속이 생산되었다. 광복 이후 비철금속의 자급률을 높이기 위하여 3개의 공장이 추가 증설되기도 했다. 장항 앞바다는 평균 수심이 8m로 깊어 군산과 같이 4천 톤급 선박이 무난히 정박할 수 있었다. 그래서 산업원자재와 완제품 외에도 평야지역에서 생산되는 쌀이 국제항을 통해 거래됐다.

제련소와 더불어 연간 10만 8천 톤의 용성인비를 생산하는 풍농비료공장과 홍국조선공장 등이 들어서 지역경제를 이끌었다. 제련소와 비료공장에서 일하는 직원들은 당시 고액 연봉을 수령하는 고급 인력이었다. 제련소와 비료공장 직원들은 대부분 장항시내에 거주했고, 그들의 넉넉한 소비는 장항을 소위 돈이 도는 도시로 만들었다. 시장도 발전했고, 음식점이나 주점도 언제나 인파로 넘쳐났다. 그래서 장항은 전국의 모든 지역이 부러워하는 경제도시였다. 나의 아버지도 틈나는 대로 장항제련소에서 일거리가 생기면 일당을 받고 일을 해서 용돈벌이를 하시곤 했다.

인접한 군산은 시(市)였지만 교통 여건이 장항에 크게 못 미쳐 군산시민들은 서울을 가려면 장항으로 와서 기차를 이용했다. 군산의 술꾼들도 장항으로 건너와 술을 마시는 일이 다반사였다. 그만큼 넉넉하고 풍요로웠다. 지금의 싸늘하고 황량한 모습과 비교하면 그때는 활황 자체였다. 서천읍과 비교해도 장항읍은 월등히 산업화됐고, 도시화됐던 곳이다. 서천읍이 행정의 중심이었다면 장항읍은 경제의 중심이었다. 당시 서천경찰서는 치안 수요가 많았던 장항에 설치됐고, 지금도 서천경찰서는 여전히 장항에 위치하고 있다.

나는 어린 시절 장항의 호시절을 직접 목격했다. 장항사람이란 사실이 너무도 자랑스럽게 여겨졌다. 어디 가서 누굴 만나도 장항사람이라고 밝히면 "좋은 동네서 왔네. 부자동네 사람일세."라고 말했다. 군산은 장항과 인접해 있는 도시였지만 주민 소득 수준이나 생활수준은 장항에 미치지 못했다. 사방 1백리 이내 모든 지역에 거주하는 이들은 장항에 사는 사람들을 부러워했다. 주머니 두둑한 제련소와 비료공장 직원들이 지역 내에서 돈을 회전시켰고, 더불어 지역경제가 선순환해 서민층까지 먹고사는데 큰 애로가 없었다. 바다를 끼고 있고 넓은 평야와 야트막한 산지가 형성돼 있는 장항은 먹을거리도 타 지역과 비교할 수 없을 정도로 풍요로웠다.

그토록 활기 넘치던 장항은 제련소 이전과 비료공장 폐쇄에 이은 금강하구둑 축조의 복병을 만나며 급속히 쇠퇴의 길로 접어들었다. 공공부문에서 민간 기업에 소유권이 넘어간 제련소는 이내 기능이 변화됐고, 공장의 모든 생산설비는 경상도 울주군 온산공장으로 옮겨졌다. 비료공장도 축소됐다. 이후 장항경제는 하루가 다르게 쇠락의 길로 접어들었다. 설상가상 금강하구둑이 축조되면서 장항 쪽 바다에 토사가 퇴적돼 항구는 제 기능을 잃었다. 한 가지 더 덧붙이면 장항선이 대대적인 선형 개량 공사를 하면서 철로가 군산 대야역까지 연장돼 장항역은 종점 기능을 상실하고 통과하는 역으로 전락해 버렸다. 이런저런 요인이 복합적으로 작용하며 번성했던 장항은 초라한 시골마을이 되어가고 있다. 모든 장항주민들과 출향인들은 장항의 제2전성기를 이끌기 위해 부단한 노력을 기울이고 있다. 장항이 다시금 한국경제를 이끄는 선도도시가 될 것이란 사실에 우리 장항인들은 기대와 확신을 갖고 있다.

법관을 꿈꾸던 아이

겸손한 자만이 다스릴 것이요,
애써 일하는 자만이 가질 것이다.
— 에머슨(미국의 시인·철학자)

어린 시절 우연히 듣게 된 '솔로몬의 지혜'. 어린 아이의 생모와 그 아이를 탐낸 욕심쟁이 여인 간에 빚어진 송사에서 "어린 아이를 둘로 나누어라"라는 기지 넘치는 판결로 생모에게 어린아이를 안겼다는 이야기를 듣고 어린 나는 감탄했다. 그러면서 우리 사회에 얼마나 많은 억울하고 어려움에 처한 사람들이 있을까를 생각해 보았다. 철들기 전인 어린 나이에 나는 법관이 돼 현명한 판결을 통해 어려움에 처한 사람들에게 도움을 줄 수 있을 것이란 생각을 갖게 됐고, 그

후부터 법관이 되기 위한 꿈을 키웠다.

지금도 여전히 법관은 한국인이 가장 선호하는 직업의 하나이다. 직업이 다양하지 못했던 산업화 이전 시대에는 소망하는 직업 자체가 몇몇 특정 직종으로 제한돼 있었다. 더욱이 가난의 굴레를 벗어던지고 개인은 물론 집안 전체를 일으켜 세우는 가장 빠르고 정확한 방법은 사법시험을 통과해 법조인이 되는 길이었다. 그래서 어린 시절 상위권 성적을 유지하며 강직한 성품을 보이는 남아에게 법관의 꿈을 심어주는 일은 어느 가정에서나 있던 일이다. 당시 사회상으로 비추어 도농을 막론하고 공부에 가능성을 보이는 어린 학생 대부분은 법관을 꿈 꿨다. 꼭 어린이가 아니더라도 20대까지는 법관이 되기 위한 꿈을 갖는 경우가 많았다.

그 범위에서 나 역시 벗어나지 못했다. 농사일을 하는 우리 집안에서는 자식 중 누군가가 사법시험을 통과해 법관이 되기를 몹시도 간절하게 바랬다. 그런 바람과 기대를 누구보다 잘 알고 있던 나는 자연스럽게 법관이 되는 꿈을 키웠고, 나중에는 자기최면에 걸린 듯 법관이 되는 꿈에 몰입했다. 법관이 무엇인지도 제대로 알지 못하던 아주 어린 시절부터 시작해 법관이 구체적으로 어떤 일을 하고 법관이 되면 나와 내 가족의 신분이 어떻게 변하게 되는지를 알게 된 청년이 된 시절까지 사법시험을 향한 나의 준비는 계속됐다.

장항초(28회)와 장항중(18회)을 졸업한 나는 줄곧 학업에서 상위권 성적을 유지했다. 도맡아 1등을 차지한 것은 아니었지만 항상 상위 5% 이내를 벗어나지는 않았다.

친구이면서 촌수로는 가까운 집안 간이던 서광석, 서운석, 서재현, 서광제, 서용철은 평생 우정을 나누는 소중한 벗이다. 이들은 나의 어린 시절 모습을 너무도 생생하게 기억하고 있는 죽마고우들이다. 이들과 더불어 어린 시절을 보냈던 나는 학교가 끝나고 집으로 돌아오면 소를 몰고 들로 나가 풀을 뜯게 하고 친구들과 땅거미가 질 때까지 들판을 놀이터 삼아 뛰어놀았다. 그러면서도 법관이 되고자 하는 마음을 한시도 잊은 적은 없었다.

어려서 총명하다는 평을 듣고 자란 나는 무엇인지도 모르는 법관을 꿈꾸며 살다가 책을 통해 법관에 대해 보다 구체적인 꿈을 갖기 시작했다. 솔로몬과 포청천 등의 전기 서적을 읽고 명쾌한 법적 판결을 내리는 그들의 모습에 매료됐다. 그러면서 법관이 되겠다는 꿈은 더욱 공고해졌다.

어린 시절부터 흔들리지 않고 법관이 되겠다는 꿈을 지켜온 나는 개구쟁이였지만 항상 모범생으로서의 모습을 잃지 않으려고 노력했다. 다소 내성적이었던 탓에 남 앞에 잘 나서지 않아 학급 반상을 억지로 한 번 해봤을 정도였지만 흐트러지거나 불량한 행동은 일절 하지 않았다. 말 그대로 튀지 않는 모범생의 모습이었다. 법관이 되고 싶다는 꿈을 여러 차례 밝힌 까닭인지 선생님을 비롯해 동네어른, 집안 친척들 대부분이 어린 나에게 하염없는 격려와 용기를 주셨다.

끝내 법복을 입는 일에는 실패했지만 어린 시절 뚜렷한 목적의식을 가지고 생활한 것은 사회활동을 하는 동안 적지 않은 버팀목 역할을 해주었다. 그래서 꿈을 실현하지는 못했지만 결코 후회는 하지 않는다.

하루 12㎞를 걷고 배를 두 번 타고

노력해서 해결될 수 없을 만큼 어려운 일은
아무것도 없다.
— 테렌티우스(로마의 시인)

장항에서 초·중학교를 마친 나는 고등학교 진학 문제를 놓고 한동안 고심했다. 대도시로 혼자 나갈 집안 경제 형편도 못됐고 당시 장항에는 인문계 고교가 없었다. 당시 장항 학생들은 인접한 군산으로 진학하는 경우가 대부분이었다. 통학이 가능한 거리였고, 나름대로 좋은 학군을 형성하고 있었기 때문이다. 장항은 충청도였고, 군산은 전라도였지만 그것은 문제되지 않았다. 당시의 교통여건상 대전이나 공주 등 충남지역의 도시로 유학을 나가는 것은 결코 만만한 일

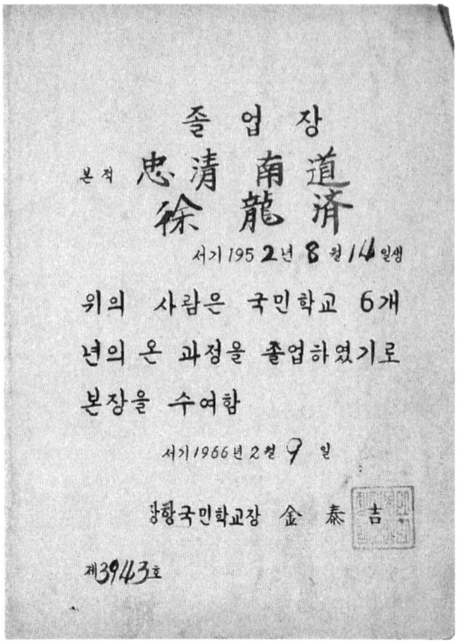

졸 업 장

본적 忠淸南道

徐龍濟

서기 1952년 8월 14일생

위의 사람은 국민학교 6개년의 온 과정을 졸업하였기로 본장을 수여함

서기 1966년 2월 9일

장항국민학교장 金 泰 吉

제3943호

이 아니었다. 육로 여건이 형편없던 시절이어서 대전을 가려면 버스를 몇 번 갈아타고 하루 종일 가야 당도할 수 있었다. 공주도 사정은 비슷했다.

그래서 다수의 장항지역 학생들은 군산으로 진학했다. 당시 군산고등학교는 전주고등학교, 이리 남성고등학교와 더불어 전북지역의 3대 명문고였다. 그래서 장항지역에서 상위권 성적을 유지하던 학생들의 대부분이 군산고로 진학했다. 지금처럼 야간 자율학습을 하거나 학원 수강이 일반화 되지 않았던 시절이었기 때문에 통학이 가능했다. 일부 군산에서 자취를 하는 학생들도 있었지만 대부분은 통학을 했다. 통학 길은 결코 순조롭지 않았다. 지금 돌이켜 보면 참으로 힘든 통학 길이었지만 당시에는 당연하게 받아들였다. 나뿐 아니라 함께 통학하던 대부분의 학생들이 고생스러운 통학 길을 그저 운명처럼 받아들였다.

내가 살던 원수동 집에서 군산고등학교까지는 꽤 먼 거리였다. 군산과 장항은 가까운 거리지만 육로가 없어 배편으로 왕래했다. 두 지역 간에는 수시로 배(도선)가 운행됐다. 장항에서는 배를 타야만 군산에 갈 수 있었다. 원수동에서 군산가는 배를 타기 위해서는 나루터

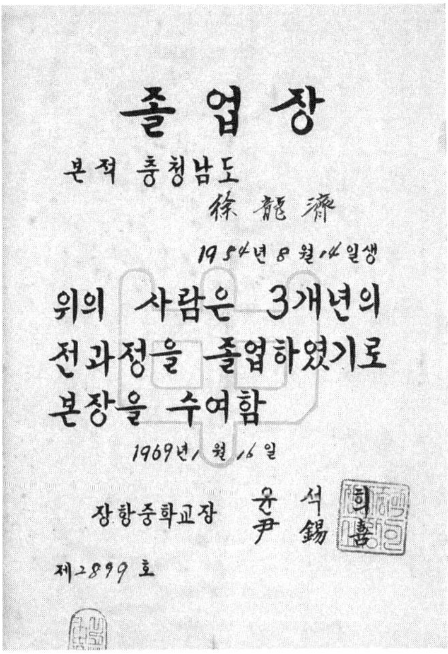
졸업장

본적 충청남도

徐龍濟

1954년 8월 14일생

위의 사람은 3개년의 전과정을 졸업하였기로 본장을 수여함

1969년 1월 16일

장항중학교장 윤석희 尹錫喜

제2899호

까지 약 3㎞ 남짓한 거리를 도보로 이동해야 했다. 나루터에서 배를 이용해 15분 정도 이동하여 군산에 도착하면 다시 3㎞ 남짓한 거리를 역시 도보로 이동해야 학교에 다다를 수 있었다. 편도 6㎞, 왕복 12㎞를 매일 이동하는 일이 결코 녹록치 않았다. 태풍이 불거나 비바람이 몰아치는 등 악천후가 엄습하는 날이면 장항과 군산을 오가는 배의 운행이 중단되기도 했다. 비바람이나 강추위를 뚫고 가까스로 나루터에 도착했는데 배가 운행하지 않아 등교하지 못한 일도 몇 차례 있었다. 반대로 학교를 마치고 돌아오는 길에 뱃길이 끊겨 군산시내 친구들 집에서 하룻밤 신세를 졌던 일도 적지 않았다.

낮 시간이 짧은 겨울철에는 추위와 더불어 어둠이 또 하나의 두려움이었다. 밤길을 다니면서 사람을 보고, 또는 어떤 물건을 보고 소스라치게 놀랜 일도 부지기수이다. 혹한이나 혹서를 이겨내고 3년간 먼 거리를 통학했던 일은 지금 생각해도 스스로가 대견스럽다. 그토록 고된 통학을 했지만 고교 내내 성적은 상위권을 유지했다. 당시 군산고에는 인문계열과 자연계열에 각각 한 학년에 한 반씩 성적 상위자들로 구성된 특수반이 편성됐다. 법학과 진학을 염두에 두고 있던 나는 인문계열 공부를 했고 3년 내내 소위 명문대 진학을 목표로 하는 특수반에 편성돼 공부했다. 그리고는 서울권 대학에 진학할 수 있는 예비고사에 합격해 본고사를 치르게 됐다.

하지만 명문대 진학은 결코 만만하지 않았다. 어려서부터 법관이 되겠다는 꿈을 가졌던 나는 서울소재 대학 법학과에 응시했지만 낙방이라는 쓰라림을 맛봐야 했다. 법관의 꿈을 이뤄내기 위한 첫 관문에서 고배를 들이킨 나는 한동안 큰 상심에서 벗어나지 못했다. 대학 관문도 통과하지 못한 실력으로 연간 100명 이내의 최종합격자를 배출하는 사법고시를 통과하는 일이 얼마나 어려운 지를 생각하고 움츠러들기도 했다. 그렇다고 한 번의 실패를 한 것에 위축돼 꿈을 포기할 수는 없었다. 그래서 명문대 법대생이 되기 위한 나의 항해는 계속됐다.

고달팠던 4년

그대의 마음의 뜰에다 인내를 심어라.
그 뿌리는 쓰지만 그 열매는 달다.
— 오스틴(영국의 작가)

●
●
●

지금 생각하면 참으로 식견이 없었고 고지식하기가 이를 데 없는 일이지만 당시의 나는 명문대 법학과에 입학해야만 사법고시를 통과할 수 있고, 내 신분이 변한다는 생각을 갖고 있었다. 지금 생각하면 그것이 다 정보의 부족이고 식견의 부족이다. 그래서 고집스럽게 특정 대학 특정 학과 입학에 집착했다. 특정 대학, 특정 학과에 집착하는 것은 간절한 소망이기도 했고, 일종의 집념이나 오기이기도 했다. 하지만 끝내 나의 간절했던 바람은 성취되지 못했다. 그러면서 자연스럽게 인생의 방향이 바뀌었다. 시간은 나에게 무한정 기회를 제공하지 않았고, 더불어 눈앞으로 다가온 현실에 타협할 수밖에 없었다.

대입에 실패한 나는 곧바로 상경해 재수를 준비했다. 그 때 형님이 서울에서 신혼살림을 꾸미고 있었기에 형님에게 의지할 수밖에 없는 형편이었다. 하지만 형님도 단칸방에서 어렵게 신혼살림을 했던 터여서 거기에서 함께 생활하는 것은 불가능했다. 그래서 자연스럽게 독서실 생활이 시작됐다. 형님이 살림을 차린 곳에서 멀지 않은 위치에 있는 독서실이 내 생활공간이 됐다. 아침에 형님 집에 가서 식사를 하고 도시락을 두 개 싸가지고 독서실에 가서 대학 입시를 위한 공부를 하는 것이 나의 일과였다. 그 시절에도 재수생들을 위한 입시학원은 있었지만 거기에 등록할 형편은 못됐다. 그래서 혼자 공부할 수밖에 없었다.

그 시절의 독서실이란 참으로 열악한 수준이었다. 지극히 비좁고 모든 시설 수준이 형편없었다. 잠을 잘 수 있는 공간도 넉넉지 못해 여럿이 자리를 비워야만 겨우 다리를 뻗을 수 있는 공간이 마련됐다. 그곳에서 잠을 잤던 나는 여럿이 빠져 나가야 비로소 의자를 맞대고 만든 잠자리에서 모포 한 장을 접어 요와 이불로 삼아 잠을 잘 수 있었다. 당연히 늘 늦은 시간에 자야했고 아침이면 일찍 일어나 자리를 내주어야 했다. 먹는 일도, 자는 일도 당시의 나에겐 퍽이나 고통스러운 일상이었다. 환기가 제대로 되지 않는 좁고 어두운 공간에서 더위 또는 추위와 맞서가며 갖는 수면은 늘 부족했다. 여름이면 모기떼와 사투를 벌여야 했고 선풍기 한 대 없이 복더위와 맞섰다. 겨울이면 뼈 속까지 파고드는 추위를 견뎌내야 했다. 독서실에서 해결하는 식사는 언제나 차디찬 도시락이었다.

낯선 타지에서 고통스러운 독학을 하는 일은 결코 만만하지 않았다. 하지만 한 순간도 포기를 생각하지 않았고, 후회도 하지 않았다. 헛된 시간이라고 생각하지도 않았다. 혹독한 시련이 닥칠수록 오히려 나의 집념은 강해졌다. 지금도 감당 못할 시련이 닥쳐오면 나는 그때를 돌이켜 생각한다. 혹독한 시련의 연속이었던 그 시절 나는 내면적으로 무척 성숙했다. 시련이 사람을 강하게 만든다는 사실을 그때 절감했다. 그렇게 시작한 재수는 삼수, 사수를 거쳐 오수까지 계속됐다. 젊은 시절 무려 4년이란 세월을 차가운 독서실에서 생활하며 명문대 입학의 집념을 불태웠다. 그러나 그 대학은 나에게 끝내 문을 열어주지 않았다.

모든 수험생들이 그러하지만 매번 낙방을 할 때마다 현격한 차이로 실패한 일은 없었다. 그저 한 뼘 모자라는 성적으로 낙방을 하니 쉽게 포기가 안됐다. 학원 수강을 한 것도 아니고, 과외를 받은 일도 없다. 오로지 혼자서 수도하는 마음으로 책과의 전면전을 이어갔다. 어린 나이에 거듭되는 실패를 맛봤지만 나는 세상을 향한 막연한 자신감을 잃지 않았다. 때로는 모든 것을 포기하고 일찍 세상과 타협하고 싶은 마음도 들었지만 그러기에는 나의 집념이 너무 강했다. 꿈을 향한 항해를 쉽게 포기하지 못했다. 그런 고통스러운 시간이 지속되며 약관을 넘긴 나는 나름대로 성숙해가고 있었다. 그래서 지금도 젊은 시절 독서실에서 보낸 4년의 시간을 후회하지 않는다. 지금도 나는 인생에 있어 무의미한 시간이란 없다는 사실을 금과옥조로 여기며 살아가고 있다.

포병 서하사

청년은 미래가 있다는 것만으로도 행복하다.
— **고골리(러시아의 작가)**

4년간의 대입 수험생 생활을 하고나니 어느덧 군에 입대해야 할 나이가 됐다. 1975년 9월 국가의 부름을 받고 논산 육군제2훈련소에 입대했다. 입대한 훈련병 중 신장이 큰 편이었던 나는 특수부대의 차출 대상이었다. 당시에는 고졸 학력을 가진 훈련병도 그리 많지 않았던 시절이어서 몇몇 부대에서 나를 차출하려고 시도했다. 그러다 결국 인연이 된 것이 단기하사였다. 단기하사로 차출된 나는 여산 제2하사관학교에 입교했고, 그곳에서 기본훈련을 받은 뒤 광주포병

학교로 가서 후반기 교육을 받았고 이후 하사로 임관했다.

25사단 206포대로 배치 받아 줄곧 그곳에서 근무한 나는 훈련병 시절을 포함해 모두 만 34개월 보름을 복무했다. 내가 근무했던 곳은 경기도 파주군 적성면 마지리로 임진강 바로 옆이었다. 1호인 고랑포 땅굴과 근접해 있는 곳이었다. 하사 계급장을 달고 있던 나는 포반장 보직을 맡아 수행했다. 그것도 6문의 포 중 3번 기준포를 담당하는 중요한 역할을 맡았다. 기준포가 가장 먼저 정확하게 제 자리를 잡아줘야 나머지 포들이 자리를 잡고 포열을 형성할 수 있었기 때문이다. 힘든 군생활이었지만 재미를 느껴가며 열심히 이겨냈다. 공부 외에는 할 줄 아는 일이 없던 나는 군복무를 통해 전혀 다른 세상을 처음 경험할 수 있었다.

하사로 근무한 군복무를 통해 나는 많은 것을 배울 수 있었다. 조직을 관리하는 능력을 배웠고, 투철한 국가관을 심을 수 있었다. 당시 우리나라는 대부분의 국민들이 못 먹고 못 사는 지구상에 소문난 빈국이었다. 그런 가난한 나라에서 포탄 한 발의 가격이 쌀 한가마니 가격과 같았으니 자연스럽게 국가관이 심어졌다. 아울러 절약정신도 그때 몸에 익힌 것 같다. 군 입대 전까지만 해도 내 생활에서 절약이라는 개념이 희박했다. 없어서 쓰지 못한 것일 뿐 스스로 절약하는 습관은 없었다. 하지만 군 복무를 통해 하나하나의 물자가 얼마나 소중하고 특히 국가의 물건이 얼마나 의미 있는 것인지 알게 됐다. 평생 헌신한 공직자가 되기 위한 싹이 움텄던 곳이 바로 군 복무시절이 아니었나 생각된다. 그래서 35개월 못 미치는 기간의 군 생활은 내게 각별한 의미를 갖는 것이기도 하다.

나는 공직에 몸담고 있는 동안 조직 관리를 참 잘하는 인물이라는 평가를 받았다. 상급자 또는 하급자와 누구라도 이울릴 줄 아는 각별한 재주를 가졌고, 누구보다 빠르게 업무 파악을 한다는 평가를 받았다. 특히 조직원들을 적재적소에 배치해 업무의 효율을 극대화시킬 줄 안다는 칭찬도 수시로 들었다. 이것이 소위 말하는 조직관리 기술인 것이다. 함께 근무했던 다수의 공직자들은 '서용제'라는 이름을 들으면 가장 먼저 '조직관리'라는 단어가 떠오른다고 말한다. 그만큼 나의 조직관리 기술은 탁월했다. 물론 타고난 면도 없지 않겠지만 나는 나의 조직관리 기술이 포반장 서하사로 복무하면서 직·간접적으로 배운 노하우가 아닌가 생각한다. 그래서 포반장 출신의 서 하사로 복무했다는 사실을 어디서나 누굴 만나든 자랑스럽게 이야기 한다. 군대는 내 인생의 좌표를 바꾸는 시발점 역할을 했다.

처음 직장인이 되다

노동은 모든 덕의 원천이다.
유용한 노동은 또 최고의 숭고한 노동이기도 하다.
— 생시몽(프랑스의 사회학자)

1978년 가을 군 복무를 모두 마치고 전역했다. 내가 대입을 준비하며 4년의 시간을 보낸 사이 대학에 진학했던 친구들은 대학을 졸업했다. 군복무를 마치고 사회에 나오니 대학을 졸업한 친구들 대부분은 사회생활을 시작했다. 어엿한 직장인이 돼 돈벌이를 시작하는 친구들을 보니 조바심이 나기 시작했다. 마음이 급해지니 하루 빨리 취업을 하고 싶은 마음이 간절했다. 군 복무까지 마친 장성한 아들이 늙으신 부모에게 용돈을 받아 쓸 수는 없었고, 당장 생활을 하려니 돈이 필요했다. 더욱이 오랜 대입 수험을 준비하며 오랫동안 부모에게 의지했던 터여서 더 이상 손을 벌리는 것은 스스로 용납되지 않았다.

그래서 인천 부평4공단에 있는 작은 회사에 입사했다. 완구류와 조화를 생산하는 이 업체의 이름은 '신진수출산업'이었다. 입사 직후 나는 그 회사에서 창고 관리와 재고 조사, 수출품 선적 관련 업무를 담당했다. 하지만 회사생활은 오래가지 못했다. 1년 남짓 근무했을 무렵 내 의지와는 무관하게 회사를 더 이상 다닐 수 없게 됐다. 회사가 도산한 것이다. 그래서 첫 직장이던 회사는 더 이상 존재하지 않는 회사가 됐다. 회사에 근무했던 모든 직원들이 뿔뿔이 흩어졌다. 경영에 실패한 민간 기업의 비참한 말로를 직접 눈으로 지켜볼 수 있었다. 그러면서 다시 자연스럽게 공무원이 되겠다는 생각을 했고, 그를 위한 준비를 시작하게 됐다.

면사무소 서기로 시작한 공무원

남이 어렵다고 보는 것을 쉽게 해내는 것,
그것이 재능이다.
— 아미엘(스위스의 사상가)

1년 남짓 민간인 회사를 다니며 많지 않은 돈을 모을 수 있었고 그 돈으로 독서실 생활을 다시 시작했다. 공무원 취업 준비를 시작하기로 한 것이다. 사법고시를 꿈꿨던 나는 7급 공무원을 준비했다. 9급 공무원 시험에 비해 경쟁률이 높고 고학력자들이 몰려드는 시험이었지만 합격할 수 있다는 자신감이 있었다. 1979년 가을 수험서를 들고 독서실로 들어갔고 1년 남짓 준비한 끝에 경기도 지방직 공무원 임용시험의 좁은 관문을 통과했다. 시험에 합격하고 일정 시간이 지난 뒤 1981년도 11월에 임용됐다. 경기도 7급 임용시험을 통과한 인원은 모두 35명이었고 그 중 8명이 화성군청으로 배정됐다. 당시 화성군은 전국에서 경지면적이 가장 넓고 인구도 많은 군이었다. 강원도 전체의 수도작 농경지 면적과 화성군의 수도작 농경지 면적이 같다는 말이 있었는데 이는 화성군이 그만큼 면적이 넓고 넓은 평야를 확보하고 있었다는 사실을 설명한 것이다.

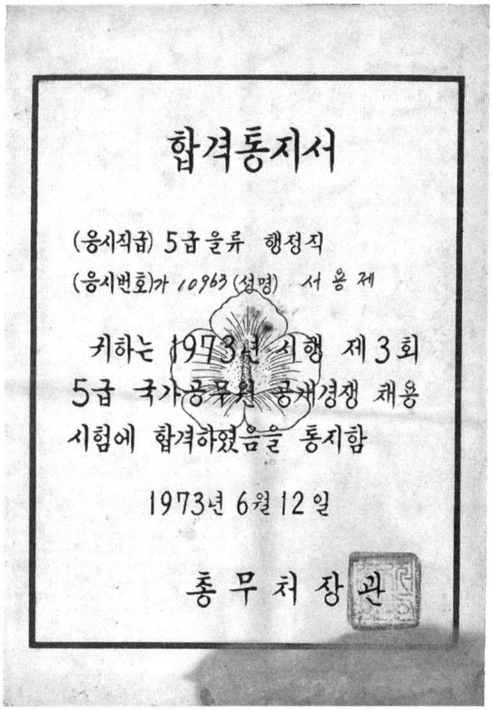
합격통지서

(응시직급) 5급 을류 행정직
(응시번호)가 10963 (성명) 서용제

귀하는 1973년 시행 제3회 5급 국가공무원 공채경쟁 채용 시험에 합격하였음을 통지함

1973년 6월 12일

총무처장관

29세의 나이로 공무원이 된 나는 화성군청에 배정된 8명의 동기생 중 가장 나이가 많았고 키도 가장 컸다. 그러면서 자연스럽게 동기생 중 선임자 역할을 맡아야 했다. 화성군청에 배속된 나는 반월면사무소가 첫 근무지였다. 화성의 반월면은 산업도시로 널리 알려져 있는 안산의 반월과는 별개의 지명이다. 그곳은 전형적인 농업지역이었고, 서해안과 인접한 지형 때문인지 생활환경이 내 고향과 크게 다르지 않았다. 반월면사무소에서 근무하는 동안 일반 서무와 산업(농업) 관련 업무를 담당했다. 근무를 한동안 하다가 경기도공무원연수원이 마련한 신규채용

자반 교육과정에 입소해 공무원으로서의 기본 소양교육을 다녀왔다.

내가 공무원으로 임용돼 근무를 시작했을 때, 부모님은 근력이 부족해 더 이상 농사를 지을 형편이 못되셨다. 아버지는 60대 후반이셨고 어머니도 60대 중반에 이르렀다. 그래서 두 분은 자연스럽게 고향 전답을 지인들에게 임대주고 수원으로 이주하셨다. 부모님이 수원에 거처를 마련하셔서 나는 그 곳에서 반월까지 버스로 출퇴근을 했다. 직장 3년차가 된 31세 때에는 반월면사무소에서 함께 근무한 아내 장정호와 결혼의 관문을 넘었다. 경기도 안산 출신인 아내는 성실한 공무원이었고, 결혼 후 수원으로 이주한 뒤에도 시부모님을 모시며 직장생활을 병행해 나갔다. 그래서 객지에서의 생활은 점차 자리를 잡아가기 시작했다.

뒤늦게 밝히는 사실이지만 1981년 7급 공무원으로 임용되기 전 나는 한 차례 공무원 시험을 통과한 적이 있었다. 1972년도 재수생활 1년차 때 혹시나 하는 마음에 공무원 시험에 응시했다. 총무처 시행 국가공무원 5급을(乙)류(현재의 9급) 시험이었다. 별도로 많이 수험준비를 하지 않았지만 무난히 시험을 통과했다. 전국에서 2만 3천여 명이 이 시험에 응시했던 것으로 기억하고 있다. 1천 5백 명 남짓 선발하는데, 나는 이 시험에서 전국석차 497등의 성적을 올렸다. 그래서인지 곧바로 임지가 배정됐다. 농림부 소속으로 경기도 김포군에 파견돼 농업통계조사요원으로 발령이 났다. 발령장을 들고 임지로 가보니 내가 생각했던 것과는 다른 세상이 펼쳐졌다. 당시 군필자 기준 공무원 초임은 2만 3천 원 가량 됐다. 그런데 현지를 가보니 한 달 하숙비가 1만 9천원이었다. 도저히 생활이 불가능하다는 결론을 내리고 임용을 포기했던 것이다.

지금은 공무원이 젊은이들 사이에서 무척 선호도가 높은 직종으로 자리를 잡아 인기를 누리고 있지만 당시 상황은 지금과 확연히 달랐다. 가난했던 국가는 공무원들에게 넉넉한 급여를 제공하지 못했다. 복지란 개념도 없었고, 그저 국가를 위해 봉사하라는 주문만 있을 뿐이었다. 요즘처럼 고학력 인재들이 몰려드는 환경도 아니었다. 당시에도 공무원은 20년 이상 근속해야 급여도 현실화되고 연금 수령 대상자가 돼 안정적 생활을 할 수 있다는 사실은 알려져 있었다. 시골 출신으로 가진 것 없이 무작정 수도권으로 올라간 젊은 나에게는 20년의 세월이 너무도 길게 느껴졌다. 당장 돈이 필요했다. 한편으로는 명문대학 법학과 진학을 통해 사법고시 도전이라는 꿈틀거리는 욕망을 주체하지 못했다. 그래서 국가직 공무원에 임용됐지만 단 하루도 근무하지 않은 채 인연의 끈을 놓았다.

공무원의 기본자세를 배우다

사람은 반드시 자신을 위하는 마음이 있어야만
비로소 자기 자신을 이겨낼 수 있고, 자신을 이겨낼 수
있어야만 비로소 자기를 완성할 수 있다.
— **왕양명(중국의 학자)**

화성군 소속 공무원으로 일하는 동안 농업인들과 긴밀하게 소통하며 호흡할 기회를 가졌다. 어려서부터 농사를 짓는 가정에 태어나 농사일을 직접 체험하고 근거리에서 지켜봤지만 공무원이 돼 농업과 농민을 바라보니 새로운 관점이 생겼다. 수시로 영농현장을 다니며 농민들과 대화를 가졌고, 그들이 무엇을 바라고 어떤 행정이 펼쳐지기를 원하는지 체험할 수 있었다. 농민들을 만나고 그들과 농업에 대해 내면의 이야기를 나누는 일을 즐거워했다. 일이 재미있고 즐

거우니 출근하는 발걸음이 가벼웠다. 그런 만큼 내가 하는 일에 대한 보람과 긍지도 컸다. 열심히 일한 것을 인정받아 도지사 표창을 받았고 업무 평가에서 1등을 차지하는 등 성과를 거뒀다. 돌이켜 생각하면 30년 넘게 공직생활을 한 가운데 가장 보람 있던 시절 가운데 한 때가 아니었나 싶다. 화성군 반월면사무소에 근무했던 4년 간 공무원으로서의 기본 자질을 익혔고, 투철한 국가관을 가슴 속에 심었다. 묵묵히 자신에게 주어진 일을 열심히 하면 누구나 인정해주고 그것이 나에 대한 평가로 이어진다는 사실도 깨달았다. 수원에서 반월까지 버스로 통근하는 고된 생활이 이어졌지만 달게 받아들였다. 그러면서 타지에서의 공직생활이지만 이곳에서 역량을 쌓아 고향으로 돌아가 고향을 위해 큰일을 해보고 싶다는 생각을 잊은 적이 없었다.

인정받으며 일했고, 사랑하는 배필을 만났고, 공직을 통해 고향과 사회, 국가를 위해 평생 일하겠다는 마음가짐을 가졌으니 화성군에서의 4년은 지금 생각해도 무척 소중한 시간이었다. 이 기간 나는 공무원이 어떤 존재이고 무엇을 위해 일해야 하는지 뚜렷이 알게 됐다. 더불어 내가 퇴임하는 순간까지 공직자로 성실히 봉사할 수 있을 것이란 자신감을 확인한 시기이기도 하다. 공무원은 주민들과 같은 눈높이에서 그들과 더불어 호흡할 때 가장 행복하고 그 가치를 인정받는다는 사실도 이 때 깨달았다. 그래서인지 공무원으로 재직하는 내내 후배들에게 공무원의 첫째 조건은 주민친화라는 사실을 강조했다. 지금도 그 소신에는 변함이 없다.

과천시 출범의 주춧돌을 놓다

행위를 수반하지 않는 지식은
꿀이 없는 꿀벌과 같다.
— 헤르더(독일의 사상가)

화성군에서 4년을 일한 다음의 근무처는 경기도 과천출장소였다. 당시는 과천이 시 승격을 앞두고 출장소 형태로 운영되고 있었다. 변변한 청사도 없이 임시 청사를 마련해 행정업무를 했다. 과천에 즐비한 수많은 아파트들이 대부분 이 무렵에 건축됐다. 출장소가 시청이 되기까지는 준비해야 할 일들이 의외로 많았다. 대한민국 1호 행정도시인 과천시를 출범시키는 초석을 다지는 일을 한다는 것은 긍지와 자부심을 갖게 했다. 출장소에서 출발해 시로 승격되기까지 과천에서도 3년 남짓 근무했다. 과천시가 출범하기까지 산파 역할을 한 많은 인력 중에 한 명으로 참여했다는 사실은 남이 알아주지 않아도 나 스스로에겐 뿌듯함을 안길 만한 일이었다.

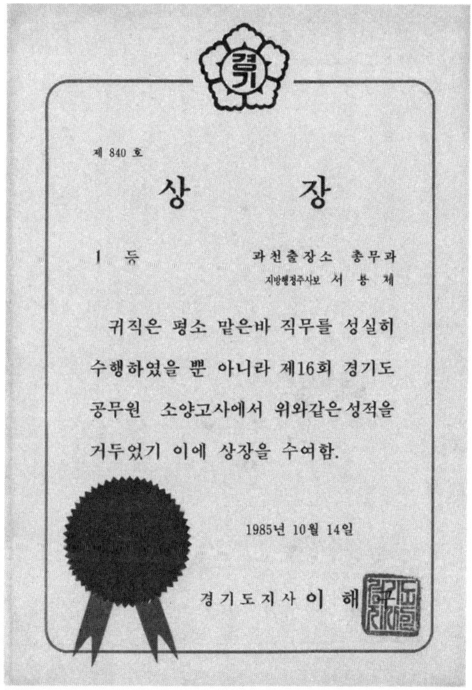
제 840 호

상 장

1 등 과천출장소 총무과

지방행정주사보 서 봉 제

귀직은 평소 맡은바 직무를 성실히 수행하였을 뿐 아니라 제16회 경기도 공무원 소양고사에서 위와같은 성적을 거두었기 이에 상장을 수여함.

1985년 10월 14일

경기도지사 이 해

과천시에 근무하는 동안 회계, 재무, 민방위, 총무 등의 부서에서 일했다. 업무의 체계가 잡히지 않았던 출범 초기의 과천시는 할 일이 많았나. 늦은 시간까지 야근을 하는 일이 빈번했고, 시 행정을 이끌어 나가기 위해 기본 틀을 마련하기 위해서는 준비할 일들이 많았다. 하지만 한 번도 일이 많다고 푸념하거나 원망하지 않았다. 어느 누구도 즐기는 자를 뛰어넘을 수 없다는 신념을 갖고 내 몸을 아끼지 않고 일했다. 그래서 초대 과천시장의 비서로 일할 기회를 갖기도 했다. 나를 비롯한 다수의 공무원들이 그렇게 열심히 일한 덕에 과천시는 지금도 대한민국에서 가장 쾌적하고 살기 좋은 도시로 성장해 가고 있고, 그것에 자부심을 갖고 있다.

승진을 거부한 공무원

신은 지식 그 자체를 우리에게 주지 않고
지식의 씨앗을 우리에게 주었다.
— 세네카(로마의 철학자)

주변인들은 공무원을 가리켜 '승진이라면 못 할 일이 없는 사람들의 집단'이라고 말한다. 실제로 공무원에게 승진은 자신이 한 일에 대한 평가를 받는 것인 동시에 자기 자존심이다. 공무원 조직에 발을 내딛는 순간부터 승진과의 사투가 시작되고, 한 단계씩 승진을 통해 자신의 뜻을 성취해 나갈 때 공무원은 가장 큰 보람을 느낀다. 직급이 올라갈수록 역량을 발휘할 수 있는 범위가 넓어지고 단위가 커지다보니 더욱 소신껏 일할 수 있는 여건도 만들어진다. 특히 자신이 구상한 대로 시책을 펴 성과를 올릴 수 있기 때문에 공무원들의 승진에 대한 집착은 일반인들이 생각하는 그 이상이다.

7급으로 공직을 시작한 나는 화성군청을 경유해 과천시청에 이르렀을 때 6급으로 승진할 기회가 찾아왔다. 그 동안 공직생활을 통해 성심껏 일했기 때문에 상관들이 부여하는 점수도 최고였고, 나이나 연차도 승진하기에 모자람이 없었다. 그래서 승진할 수 있는 0순위 순번을 받아둔 상태였다. 누구도 내가 승진 대상이라는 점에 대해서는 부정하지 않았나. 그러나 나는 스스로 승진을 포기했다. 내 입으로 승진을 포기할 테니 다음 순번 대상자에게 승진의 기회를 달라고 인사부서에 요청했다. 승진 자리를 놓고 사바나 초원의 약육강식보다 더 살벌한 분위기가 연출되는 공직사회에서 승진을 양보한다는 것은 있을 수 없는 일이었다.

내가 승진을 양보한 것은 사실 동료를 위한 일방석 희생은 아니었다. 그것은 내 개인을 위한 것이기도 했지만 넓고 큰 시각에서 내 고장 서천을 위해 택한 길이었다. 공무원의 길로 접어든 이후 나는 20년 넘게 꿈 꿔왔던 법관의 길을 접었다. 그리고는 내 고향 서천에 내려가 군수를 해보겠다는 꿈을 갖기 시작했다. 정약용 선생이 '목민심서(牧民心書)'를 통해 밝힌 이상적인 지방 목민관의 길을 가고 싶었다. 당시는 지방자치제도가 시행되기 전이어서 중앙부처(특히 내무부) 관료가 지방 시장과 군수직으로 내려가는 일이 일반적이었다. 그래서 시장이나 군수로 임명되기 위해서는 내무부에 입성하는 일이 중요했다. 하지만 내무부로 가기 위해서는 매우 까다롭고 엄격한 조건이 주어졌다. 그 첫 번째가 7급이어야 한다는 점이다. 당시 국가부처 중 내무부와 교육부는 지방 공무원에게 문호를 개방하고 있었다. 지방과 수시로 교류하며 유기적인 관계를 유지해야 하는 업무 특성상 지방에서 유능한 공무원들을 전입했다.

지방공무원이 내무부로 입성하기란 결코 쉽지 않았다. 탁월한 업무 능력을 보여야 하는 것은 물론이고 전입시험의 높은 관문을 통과해야 했다. 그보다 앞서 전입대상을 7급으로 제한했다. 6급 승진을 하면 내무부로 갈 수 있는 기회가 사라지는 것이었다. 7급에서 6급으로 승진할 기회를 잡은 나는 과감하게 승진을 포기했다. 7급 상태를 유지하며 내무부로 전입하기 위해서였다. 내무부에 들어가서 보다 큰 세상을 경험하고 내 고향 충청남도와 서천군을 위해서 기여할 수 있는 일을 찾고 싶었다. 그리고는 훗날 서천으로 내려가 목민관을 하면서 공직을 통해 축적한 노하우를 발휘해 서천과 장항이 지난날의 광영을 되찾도록 기틀을 마련하고 싶었다.

이런저런 이유로 눈앞에 찾아온 승진의 기회를 후순위자에게 양보하고 더 큰 그림을 그리기 시작했다. 실제로 나는 그 후 지방 공무원들 엘리트 코스를 밟아 경기도청을 거쳐 내무부에 전입하는데 성공했고, 조직 내부에서 승승장구했다. 그러면서 지방의 작은 면사무소와 시청, 도청, 중앙부처까지 아우르는 행정 경험을 갖게 됐다. 전국에 공무원과 전직 공무원은 무수히 많지만 이렇게 면사무소부터 시작해 중앙부처 핵심 관료자리까지 경험한 인물은 손에 꼽을 것이다. 동료에게 승진의 기회를 양보했지만 전혀 서운하지 않았다. 목표한 대로 내 길을 가기 위한 여정의 첫발에 불과했기 때문이다.

경기도청 입성

너의 근원을 생각하라. 너는 야수처럼 살도록 태어나지는 않았고,
덕과 지식을 추구하도록 태어났다.
— 단테(이탈리아의 시인)

내무부에 가기 위한 첫 관문은 도청에 입성하는 일이었다. 시·군 소속 공무원이 도청으로 들어가기란 결코 녹록치 않았다. 우선 7급 때 이수하는 장기교육에서 상위 성적을 올려야 했다. 그리고는 높은 경쟁률 속에 치러지는 전입시험을 통과해야 했다. 경기도내 각지 공무원 수십 명이 1년 간 함께 숙식하며 받는 장기교육에서 나는 당당하게 1등을 했다. 이것만으로도 내가 경기도청에 입성할 충분한 입지를 확보했다. 장기교육 성적 외에도 경기도내 모든 공무원을 대

상으로 실시한 소양고사에서도 나는 1등을 차지했다. 이 두 가지에서 연이어 1등을 차지한 이력을 앞세워 나는 무난히 경기도청에 입성할 수 있었다.

경기도청으로 자리를 옮긴 나는 곧바로 지방과에 배속됐다. 지방자치제가 시행되기 전 각 도의 지방과란 곳은 실로 막강한 권한을 행사한 부서였다. 당시 경기도에는 36개 시·군이 있었고, 지방과는 시장과 군수의 임명을 비롯해 시·군의 예산을 심의 조정하는 역할을 했다. 현재 지방의회가 하는 예산 집행에 대한 심의와 조정 권한이도 지방과에 부여돼 있었다. 그래서 지방직 공무원이 도 지방과에서 일하는 것은 로망 자체였다. 지방과 직원들은 대단한 자부심을 가졌고, 그런 만큼 막강한 권한을 행사하기도 했다. 시·군에서 전입한 신출 공무원이 지방과에 배속된다는 것은 실로 파격적인 일이었다. 더구나 경기도 출신도 아닌 충남 출신이 돌봐주는 사람 한 명 없이 그 자리에 오른 것은 대단한 일이었다.

누구나 가고 싶어 하고 경기도 공무원으로서 승승장구를 보장 받는 보직을 받았지만 나는 거기에 만족하지 않았다. 도에 머물며 그곳에서 승진하고 보장된 길을 가는 것도 일반적 시각에서 볼 때 부러운 일이었지만 나는 결코 만족하지 않았다. 내 꿈은 내무부 고위 관료가 돼 근무하다가 내 고향 서천에 가서 군수를 하는 일이었기 때문이다. 그 목표를 향한 나의 질주는 이어졌다. 경기도청 지방과에서 선거 업무, 공무원교육, 여론동향 등의 업무를 담당했던 나는 단 2년 만에 그토록 가고 싶던 내무부에 입성했다. 도청에 근무하는 동안에도 학원에 다니며 꾸준히 영어와 행정관련 과목 수강을 하며 내무부로 가기 위해 성실히 준비했다.

내무부로 가다

성공에는 어떤 트릭도 없다. 나는 나에게
주어진 일에 전력을 다해 왔을 뿐이다.
— 카네기(미국의 실업가)

경기도청에 2년 간 재직하면서 시·군 공무원들의 부러움의 대상이었던 서슬 퍼런 지방과 근무를 했지만 여기에 만족하지 않았다. 지방과에 근무하면서 착실히 승진하면 경기도 내 36개 시·군 중 어느 한 곳에서 시장 또는 군수로 임명되는 것은 사실 보장 받은 일이었다. 그러나 고향에 가서 군수를 하고 싶다는 내 꿈을 위해 경기도 잔류를 포기하고 내무부 행을 선택했다. 절대 소탐대실(小貪大失)해서는 안 된다는 일념을 갖고 더 큰 꿈을 펴 나가기 위한 행보를 이어

제20478호

모범공무원증

내 무 부

행정주사 서 용 제

귀하는 공무원으로서 맡은바 직무에 정려하여 타의 귀감이되어 1994년도 모범공무원으로 선발되었기 모범공무원 규정에 의하여 이 증서를 수여함

1994년 6월 30일

국무총리 이 영

갔다. 공직자로서 누가 되는 행동을 삼갔고, 꾸준히 공부를 했다.

당시 내무부와 교육부는 지방직 출신 공무원들을 대상으로 실무 성적 검토와 이론 시험을 통해 일정 인원을 수급받도록 법제화돼 있었다. 각 지방에서는 능력 있는 공무원들을 엄선해 내무부로 보냈다. 각 지방에서 내무부로 전입한 공무원들은 자신의 출신 지역에 도움을 주기 위해 음으로 양으로 노력했다. 실제로 권한 내에서 자기 출신지역에 도움을 줄 수 있는 다양한 길이 있었다. 그래서 내무부 전입 시험은 각 지역이 배출한 걸출한 인재들의 경합장이었다. 그런 만큼 자리를 꿰차기가 어려웠지만 경기도청에서 근무한 지 2년 만에 내무부로 전입하는 쾌거를 이뤘다.

지방 면사무소에서 출발한 공무원이 정부 선임 부처인 내무부에 입성했으니 내 스스로가 생각해도 대견스러웠다. 당시 아내는 여전히 경기도 시·군을 돌며 지방직 공무원으로 일했다. 그래서 거주지를 의왕, 안양 등지로 옮겨 다니며 생활했다. 의왕이나 안양 등지에서 광화문 정부청사까지 출근하려면 1시간 반에서 두 시간까지의 시간이 소요됐다. 그러니 별을 보고 출근해서 별을 보고 퇴근하는 고된 나날이 계속될 수밖에 없었다. 하지만 단 한 번도 힘들다고 포기하고 낙오한 적이 없다. 두드리면 강해지는 쇳물처럼 마음을 다져나갔다. 내무부에 정착한 이후에도 성실히 일한 덕에 인정받으며 나름대로 착실히 성장해 나갈 수 있었다.

내무부에 근무하는 동안 인사, 유아교육, 여론동향, 행정연수원 서무, 법제, 자치단체 조합 등등과 관련된 업무를 맡았다. 행정연수원에 재직하는 동안에 6급으로 승진했고, 연수원 근무를 하며 승진한 사례는 지금껏 공직사회 내부에서는 전설 같은 이야기로 받아들여지고 있다. 수 년 후 다시 5급 사무관으로 승진했고, 내무부 내의 3대 핵심 부서였던 민방위본부에서 기획계장과 관리계장 등의 보직을 맡았다. 내무부에서 근무한 시간만 무려 6개월 모자란 20년이었다. 7급으로 내무부에 첫발을 디딘 이후 20년을 머물며 4급 서기관까지 승진했다.

내 인생의 목표를 흔든 지방자치제

나의 최대의 영광은 한번도 실패하지 않는 것이 아니라,
쓰러질 때마다 일어나는데 있다.
— 골드스미드(영국의 작가)

앞서 밝힌 대로 내가 그 숱한 어려움을 마다하지 않고 굳이 내무부로 가려했던 것은 큰 행정을 배우면서 동시에 국가 행정의 중심 기관에 있으면서 내 고향 충청남도와 서천군에 작은 보탬을 주고 싶었기 때문이다. 아울러 내무부에서 근무한 경험을 바탕으로 고향에 내려가 군수직을 맡아 주민들과 어울리며 목민관으로서의 위정을 펼치고 싶었기 때문이었다. 내무부 5급 사무관이 선임이 되면 지역 군수로 재직할 기회를 한 번씩 갖는 것이 당시의 상례였다. 4급 서기관

때면 다시 한 번 지역에 가서 제법 큰 시(市)의 시장을 할 기회가 부여됐다.

그러던 어느 날 나와 같은 생각을 갖고 착실히 목민관으로 나갈 준비를 해오던 이들에게 청천벽력 같은 일이 발생했다. 그것은 다름 아닌 지방자치제의 시행이었다. 종전까지 임명직이던 광역시장(당시는 직할시장)과 도지사를 비롯해 시장, 군수, 구청장 자리가 모두 선거를 통해 뽑는 선출직으로 전환된 것이다. 문민정부를 주창한 김영삼 대통령이 취임한 이후 지방자치제가 시행될 것이란 말은 정가와 관가에 꾸준히 회자됐지만 대부분의 관계자들은 시행 시점이 한참 뒤일 것으로 예측했다. 그런 예상과 달리 지방자치제의 시행은 속전속결로 진행됐다. 오랜 군부통치를 마감하고 문민정부가 출범하게 된 것을 기념하기 위해 여야는 자방자치제의 부활을 합의했다.

나를 포함해 임명직 시장이나 군수를 꿈 꿔온 관료들은 무척이나 허탈해 했다. 목민관이 되겠다는 일념으로 오랜 세월의 고행을 마다하지 않았는데 갑자기 시장과 군수, 구청장직을 선출직으로 전환하니 어쩔 줄 몰라 했다. 공직생활을 접고 고향으로 내려가 선출직에 대비한 준비를 해야 할지 여부를 고민하는 선배와 동료들이 의외로 많았다. 타 부처에서도 비슷한 상황이 빚어졌지만 지방행정을 담당하는 내무부와 비교할 바는 아니었다. 나 역시도 그 무렵 많은 고심을 했다. 평생 공직에만 매달려 왔던 내가 당장 공직을 벗어던지고 정치인으로 변신한다는 것은 엄청난 모험이었기에 마음을 가다듬고

훗날을 도모하기로 했다. 다른 방법으로도 고향을 위해 일할 수 있는 기회는 얼마든지 있을 것이라고 스스로를 위안했다.

마침내 충남도의 품에 안기다

성공의 비결을 묻지 말라.
해야 할 일 하나하나에 전력을 다하라.
— 와나메이커(미국의 실업가)

내무부에서 무려 19년 6개월을 근무했다. 아무런 줄도 연도 없이 시작한 내무부 생활이었지만 20년 가까운 세월을 몸담은 동안 부처 내부는 물론이고 전국적으로 두터운 인맥을 쌓았다. 행정 업무에 대해서는 소위 달인이라는 표현이 부끄럽지 않을 만큼 실력을 쌓았다. 그 동안 쌓은 실력과 인맥을 활용해 고향을 위해 일해야 할 시점이 찾아왔다고 생각한 것은 서기관으로 재직 중이던 2004년이었다. 군수로 갈 길은 없어졌으니 부군수 자리로라도 고향을 찾아가 봉사

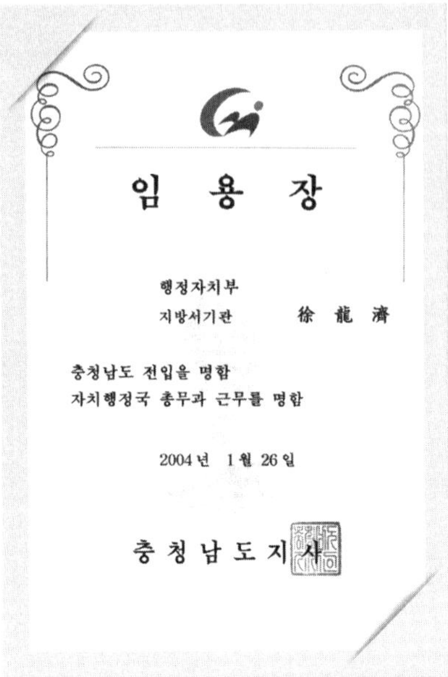

임 용 장

행정자치부
지방서기관 徐 龍 濟

충청남도 전입을 명함
자치행정국 총무과 근무를 명함

2004년 1월 26일

충 청 남 도 지 사

해야겠다고 생각한 것이다. 당시 충남도의 실력자와 사전 교감을 갖고 서천 부군수 자리를 내정받은 채 행정자치부 생활을 마감하고 충남도로 전출을 하게 되었다.

그러나 막상 충남도로 와보니 사정은 여의치 않았다. 도가 부군수 인사를 단행하기 전에는 해당지역 군수와 사전 협의를 하는 것이 관례였고, 인사와 관련한 협의를 하던 도중 양자 간 의견일치가 안 돼 나의 서천부군수 발령은 불발됐다. '충남도가 조금 더 적극적으로 인사권을 발동했더라면'하는 아쉬움은 있었지만 어쩔 수 없었다. 그토록 갈망했던 인사가 이루어지지는 않았지만 공무원으로서 인사명령에 불복하는 것은 있을 수 없는 일이었다. 이내 마음을 다잡았고 1년 간 연수원으로 장기교육에 입소했다. 교육 수료 후 1년 간 충남도의 서울사무소장을 역임하고 충남도의회 의사담당관 보직을 받았다. 그렇게 서서히 충남도의 업무에 적응해갔다.

인삼엑스포의 신화창출

쓰고 단 것은 외부에서 생기고, 어려운 것은
내부에서 자기 자신의 노력으로부터 생긴다.
— 아인슈타인(미국의 물리학자)

의사담당관으로 불과 4~5개월 근무했는데 갑작스러운 제안이 왔다. 당시 최민호 충남도 행정부지사가 급히 나를 찾았다. 그러더니 금산인삼엑스포 사무총장을 맡아달라는 제안을 했다. 2006년 당시 충남도는 금산 인삼을 세계화시키고 인삼산업을 충남의 핵심 바이오산업으로 육성하겠다는 야심을 갖고 금산인삼엑스포를 준비했다. 엄청난 규모의 행사를 준비하던 중 야전사령관이던 사무총장이 과로와 스트레스로 병원에 입원하는 일이 발생했다. 엑스포 개막을 불과 2~3개월 여 앞두고 벌어진 상황이었다. 다급해진 충남도는 사태를 해결하기 위한 적임자를 찾았고, '서용제가 해법'이라고 의견이 모아졌다.

무려 24일 간 전국 각지는 물론 세계 각국에서 관람객과 바이어들을 초빙해 금산 인삼의 우수성을 알려야 하는 엄청난 대회를 앞둔 상황에서 다급하게 나를 찾은 것이다. 나는 1주일의 말미를 달라고 요청했다. 그리고는 아무도 모르게 상황 파악에 나섰다. 엄청난 대회를 준비하기에는 턱없이 부족한 시간이었다. 사무총장의 건강이 나빠지며 준비가 미흡할 수밖에 없었고, 시간은 계속 흘러갔다. 나로서는 나의 명운을 걸 기회이면서 위기이기도 했다. 사태를 잘 수습해 행사를 성공적으로 끝마치면 내 실력을 입증받을 수 있는 절호의 기회가 됐지만 반대로 행사를 망치면 나의 노력은 빛을 바랠 수밖에 없는 상황이었기 때문이다.

인삼엑스포 조직위원회 사무총장 자리는 3급 부이사관이 맡았던 자리였고, 당시 4급 서기관이던 나는 이 행사를 성공시키면 조직 내에서 위상이 한껏 올라갈 수 있는 기회였다. 그러니 모험에 응할 수밖에 없는 입장이었다. 내무부에서는 탄탄한 실력을 입증받았지만 정작 충남도에서는 제대로 실력발휘를 해보지 못했던 상황이었기 때문이다. 곧바로 현장에 투입된 나는 속전속결로 업무를 파악했고, 빠른 업무 파악과 일 처리를 위해 직원과 사무총장 간 직보체제를 구축했다. 두 달을 2년 같이 일 했고, 그 덕에 대회는 성공적으로 치뤄졌다.

당시 금산인삼엑스포는 대성공을 기록했다. 목표했던 66만 명을 뛰어넘어 68만 명의 관람객이 다녀갔고, 수출계약고 2200만 달러, 인삼제품 판매 300억 원의 실적을 올려 모든 목표를 초과달성했다. 행사의 수지면에서도 39억 원의 흑자를 냈다. 누구나 적자가 불가피할 것이라고 예측했지만 보란 듯이 흑자를 이끌어냈다. 인삼엑스포가 성공적으로 마무리되면서 나에 대한 평가도 새로워졌다. 위기에 몰렸던 인삼엑스포를 살려낸 인물이란 평가가 안팎에서 이어졌다.

군수와 배짱이 잘 맞았던 부여 부군수 시절

우리의 인생은 우리들이 한
노력만큼의 가치가 있다.
— 모리악(프랑스의 작가)

인삼엑스포를 성공적으로 치러낸 공로로 내게는 다시 한 번 고향 서천에 부군수로 갈 수 있는 기회가 주어졌다. 그러나 역시 정치적 역학관계가 미묘하게 작용하면서 또 한 번 서운한 마음을 달래야 했다. 도는 최대한 배려하는 차원에서 서천과 가장 근거리인 부여군으로 나를 보냈다. 그래서 그곳 부여에서 10일 모자라는 1년 간 부군수로 재직했고, 이 기간 소중한 인연을 많이 쌓았고, 좋은 사람들도 많이 사귀게 되었다. 부여군민들도 이웃한 서천군 출신의 부군수

라 하여 각별이 보살펴 주었다.

당시 부여에는 재선에 성공한 김무환 군수가 목민관으로 재임하고 있었다. 젊은 시절부터 정계에서 일했던 김 군수는 호탕하고 선이 굵은 인물이었다. 그래서인지 부군수에게 적절한 역할과 권한을 주었다. 특히 자신은 외치에 치중하면서 부군수에게 내치를 탄탄하게 이끌어 줄 것을 주문했다. 군수와 부군수의 역할이 적절히 잘 분배돼 있으니 행정은 원활하게 잘 돌아갔다. 김무환 군수는 내 그릇 됨됨이를 빨리 파악하고 힘을 실어주었다. "꿈을 크게 가졌으니 착실히 준비하라"는 말을 수시로 하며 격려해 주었다.

군수가 힘을 실어주고 적절히 권한과 역할을 안기니 부여에서의 1년은 참으로 의미 있는 시간이었고, 기초 자치단체의 업무를 제대로 파악할 수 있는 기회였다. 특히 고향인 서천과 근접한 곳이어서 고향에서 들려오는 크고 작은 소식을 실시간으로 접할 수 있는 기회이기도 했다. 고향을 지척에 두고 고향에서 일하지 못한 아쉬움은 참으로 컸다. 하지만 군수가 어떤 자리이며 어떤 고민 속에서 살아가는지를 똑똑히 지켜보는 시간을 가진 것은 참으로 의미 있는 일이었다. 김무환 군수와는 참으로 배짱이 잘 맞았다. 지금도 늘 감사하게 생각하는 분이시다.

서천 부군수로 가고 싶었지만

만일 기회가 오지 않으면
스스로 기회를 만들어내라.
— 스마일즈(영국의 저술가)

부여에서 부군수로 재임한지 1년이 다 돼갈 무렵 서천군에서 나를 다급하게 찾았다. 그 무렵 서천에는 큰 갈등이 있었다. 정부의 장항국가산업단지 개발 약속이 한없이 정체되면서 주민들의 분노가 표출되기 시작한 것이다. 군장산업단지라는 이름으로 군산과 장항이 동시에 사업추진됐지만 군산은 사업이 가시화돼 기업 입주와 가동 등 실질적인 효과가 나타난 반면 장항은 아무런 진전을 보이지 않자 장항을 중심으로 서천 군민들이 분노를 표출하기 시작했다. 서천군에서는 이 사태를 가장 현명하고 슬기롭게 풀어갈 최적임자가 누군가를 내부 논의했고, 그런 가운데 '서용제를 부군수로 받아들여야 한다'는 의견이 모아진 것이다. 구체적 논의는 없었으나 당시 상황을 보면 중앙부처와 도청, 부여군청 등에서 근무한 경험으로 지역의 갈등 해결에 노력해 달라는 취지가 아니었나 생각한다.

그 동안은 내가 부군수로 오면 지역 내 정치적 지형변화가 생길 수 있다는 입장을 보였던 서천군이 입장을 180도 바꿔 오히려 '서용제를 불러와야 한다'고 방향을 선회한 것이다. 그래서 무난히 서천 부군수로 갈 수 있는 기회가 찾아왔다. 하지만 전혀 예기치 못한 복병이 나타나 나의 고향 가는 길을 다시금 막았다. 이번에도 역시 정치적 이해관계가 작용한 것이다. 내가 서천부군수로 부임하면 민주당과 한나라당(현 새누리당)간 갈등이 심화될 것으로 판단한 정치가들이 나의 고향 행을 가로막은 것이다. 그래서 결국 고향 부군수로 가는 길은 세 번째 좌절을 맛보게 됐다.

여러 차례 정치적 싸움에 희생자가 된 나는 심신의 피로가 누적될 수밖에 없었다. 그래서 택한 길이 교육이었다. 부여 부군수를 마친 나는 서천부군수 부임이 좌절되자 세종연구소에 입소해 1년 간 장기 교육을 받게 됐다. 교육을 다녀오면 금명간 승진을 하게 되고 실상 승진을 한 후에는 고향 부군수로 갈 수 있는 길이 막히게 되는 것을 알았지만 어쩔 수 없었다. 현행법상 지방자치단체의 부단체장은 인구 30만 명 이상의 도시는 2급 이사관, 인구 15만~30만 명의 도시는

3급 부이사관, 인구 15만 명 미만 시군은 4급 서기관이 부단체장으로 나가도록 돼 있다. 부이사관 승진을 앞둔 나는 인구 6만 명 미만의 서천군에 부군수로 나갈 기회를 잃게 됐다. 서운한 일이었지만 어쩔 수 없었다.

고위공직자로 접어들다

누가 가장 행복한 사람인가? 남의 장점을
존중하고 남의 기쁨을 자기 것인 듯이 기뻐하는 자다.
— 괴테(독일의 시인·작가)

1년간의 장기교육을 다녀온 후 내가 근무하게 된 곳은 충청남도의회 행정자치위원회 수석전문위원이었다. 승진 대상자가 가기에는 다소 부적절한 자리라는 평가가 있었지만 개의치 않았다. 열심히 업무를 파악하고 있던 무렵, 발령난 지 불과 3개월 만에 나는 3급 부이사관으로 승진했다. 통상 공직사회에서는 3급 이상에 대해 '고위공직자'라는 표현을 사용한다. 각각 급수에 따라 부이사관, 이사관, 관리관 등의 직급이 있지만 통상 고위공직자라는 표현을 사용하는 것이 일반적이다. 그렇다. 말 그대로 고위공직자가 됐다. 7급 공무원으로 시작해 고위공무원이 되기까지 27년의 세월이 흘렀다.

공무원 생활을 하면서 고위공직자가 되는 것은 무척이나 어려운 일이다. 고위공직자가 되는 것은 대개의 공무원들에게 가장 큰 꿈이고 로망이다. 이전에 지방자치제가 시행되기 전이라면 내가 소원했던 대로 한 번쯤 고향인 서천에 가서 군수직을 수행했을 것이지만 지방자치제 시행 이후 민간 선출직으로 전환되면서 군수가 될 수 있는 길은 막혀버렸다. 그래서 부군수로라도 가서 고향을 위해 힘닿는 데까지 일해보고자 했지만 그 또한 쉽지 않았다. 30년 가까운 공무원 생활을 하면서 그토록 간절하게 바라던 고향 근무를 한 번도 해보지 못한 채 고위공직자가 됐다는 것이 내겐 큰 서운함이었다. 이제는 더 이상 고향에 갈 수 있는 길이 없어졌기 때문이다. 그래서 승진을 했음에도 불구하고 기쁨 못지않게 서운한 마음이 컸다.

부이사관으로 승진한 후 처음 보직을 받은 자리는 충청남도 서해안유류사고대책지원 총괄본부장이었다. 2007년 허베이스피리트호가 원유를 유출해 태안 앞바다를 중심으로 서해 전체를 검은 기름으로 뒤덮은 서해유류피해 사건은 적절한 보상이 진행되지 않아 피해지역 주민들이 고통 속에 살아가고 있었다. 멀리는 경기도와 전남·북 앞바다까지 피해가 파급됐지만 주 피해지역이 충남지역으로 충남도는 별도의 대책본부를 운영하고 있었다. 총괄본부장으로 재직하는 동안 중앙 정부와 사고 원인제공자인 삼성그룹을 상대로 거칠게 부딪혔다. 도와 중앙부처에 수시로 지역 상황을 보고하고 대책을 논의했다. 9개월 동안 태안에 거주하며 그들의 눈물을 닦아주며 고락을 함께한 시간이었다.

충남의 농업, 임업, 수산업 관리 책임자가 되다

희망은 사람을 성공으로 인도하는 신앙이다.
희망이 없으면 아무일도 성취할 수 없다.
— H. 켈러(미국의 교육자)

부이사관 승진 후 첫 보직이던 서해안유류사고 대책지원 총괄본부상을 마치고 충남도 본청으로 들어와 처음 맡은 참모자리는 농림수산국장이었다. 농림수산의 1차 산업이 주축을 이루고 있는 충남에서는 농림수산국장의 역할이 어느 자리보다 중요했다. 농림수산국에는 농업정책과, 농촌개발과, 농산과, 축산과, 수산과, 산림과 등 모두 6개 부서가 구성돼 있었다. 농림수산국은 충남도가 연간 집행하는 전체 예산의 20%를 집행하는 거대한 조직이었다. 소속 직원의 수도 328명으로 가장 많았다. 그만큼 할 일도 많았다. 농업과 수산업이 동시에 이루어지는 바닷가 마을 농촌에서 자란 나는 비교적 빠르게 관련 업무를 익혀갔다. 굵직한 사건들도 많아 무척 힘든 나날을 보냈다.

부임하자마자 4월까지는 산불을 막기 위한 행보가 이어졌다. 매년 2월부터 4월 사이에 집중 발생하는 산불은 일단 발생하면 엄청난 피해를 동반하기 때문에 초긴장 상태로 산불을 막기 위한 방재에 나섰다. 특히 충남은 매년 도깨비산불이란 이름으로 원인미상의 산불이 해년마다 같은 지역에서 반복됐기 때문에 4월까지 단 하루도 마음을 놓지 못하고 산불을 막기 위해 다각적인 활동을 벌였다. 다행히 4월까지 큰 산불 없이 보낼 수 있었다. 이후 봄기운이 만연하며 산에는 녹음이 짙어가며 산불위험은 대폭 줄어들었다.

무사히 산불예방 기간을 보내고 났지만 이후 4월에 대형 사고가 터졌다. 가축전염병인 구제역이 발생한 것이다. 이 때 발생한 구제역은 역대 가장 심한 상황으로 치달았고, 지정학적으로 국토의 중심부에 위치한 충남은 유난히 피해가 컸다. 하루가 지나고 나면 피해지역은 커져갔다. 엄청난 인원과 장비, 약품을 투입해 방역에 나섰지만 방어벽은 무참히 뚫리고 말았다. 당시 정부는 청정국가 지위를 유지하기 위해 가축에 대한 백신접종을 미뤘고, 그로 인해 상황은 걷잡을 수 없이 확산됐다.

특히 청양에 위치한 충남축산기술연구소까지 구제역이 몰고 들어와 상황은 최악의 국면을 맞았다. 엄청난 수의 소와 돼지가 매몰처리 됐다. 역대 최대의 구제역을 겪었던 당시는 가히 재앙이라는 말이 어색하지 않을 수준의 국가적 손실로 이어졌다. 발생 초기에는 확산을 방지하는데 행정력이 모아졌고, 이후에는 가축을 매몰하고 매몰지를 관리하는 일이 주류를 이뤘다. 구제역이 진행되는 동안 단 하루도 다리 뻗고 편한 잠을 자본 적이 없다. 악몽 같은 3개월여가 지났고, 여름철로 접어들면서 구제역은 서서히 가라앉기 시작했다.

발생 초기 우왕좌왕 했던 방역체계도 서서히 잡혀갔고, 방역과 매몰 등 모든 대처 수순이 매뉴얼대로 차차 자리를 잡아갔다. 그래서 중반 이후 사태수습은 충남이 타 시도의 모범이 됐다는 평가를 받았다. 2010년 상반기는 구제역 방역으로 모든 에너지를 집중했던 해로 기억된다. 농림수산국장이라는 책임이 막중한 자리에 앉아 수만 마리의 가축을 매몰하는 초유의 사태를 겪으며 농업과 농민에 대해 다시 생각해 보는 기회를 갖기도 했다. 지금 생각해도 참으로 악몽 같은 3개월이었다. 개인적으로는 많은 것을 느끼고 많이 배운 시기였다.

2010년은 민선 5기가 시작되는 해이기도 했다. 7월 1일 충남도는 젊은 지사 안희정 시대를 활짝 열었다. 중앙 정치무대에서 활동하며 인지도를 높인 안 지사는 지방행정을 처음 맡으며 모든 것을 배워나가야 하는 입장이었다. 논산 출신인 그는 역시나 농업과 농촌에 대해 관심이 많았다. 임기 초부터 안 지사는 중농정책을 폈다. 이른바 농어업과 농어민, 농어촌을 개혁해 잘 사는 농어촌을 만들겠다는 이른바 3농혁신을 시작했다. 취임 초기부터 안 지사의 3농정책에는 힘이 실렸다. 3농정책을 부르짖은 젊은 지사는 농림수산국장인 내게 정책 전개를 위한 초안을 마련할 것을 주문했다. 그래서 나와 함께 박진도 충남발전연구원장, 허승욱 단국대 교수가 머리를 맞대고 3농정책의 초안을 마련해갔다.

지자체 차원에서 처음 시도되는 농업 관련 대형 프로젝트인 3농정책은 지사의 지대한 관심 속에 지속적으로 도정의 핵심 과제가 돼 예산도 대폭 증액됐다. 언론도 3농정책을 집중 조명했다. 타 지자체에서도 충남도의 3농정책은 관심의 대상이었다. 인재와 예산이 집중된 충남의 3농정책은 빠르게 자리를 잡아갔다. 삽시간에 충남의 트레이드마크로 자리 잡은 3농정책은 초안을 마련하는 일부터 정책을 전개해나가는 과정까지 무척 속도감 있게 진행됐다. 농민의 아들 출신인 내가 고향인 충남에서 전개되는 핵심 농업정책인 3농정책에 깊이 관여해 초안을 마련한 것은 지금도 자긍심으로 남는다.

3농정책의 초안을 마련해가면서 바쁜 나날을 보내고 있던 중 가을에 서해안을 강타한 태풍 '곤파스'를 만났다. 이전에 전국을 쑥대밭으로 만들었던 '루사'나 '매미'가 전국에 피해를 안겼다면 '곤파스'는 서해안 지역을 집중 타격했다. 그래서 서산과 태안 등 태안반도 일대의 피해가 극심했다. 안타가운 것은 곤파스가 닥친 해에 지원 규정이 바뀌어 피해를 입은 농어민들에게 지원해 줄 수 있는 길이 턱없이 좁

아졌다. 규정을 근거로 행정을 집행해야 하는 공무원 입장에서는 답답할 노릇이었다. 하지만 그대로 앉아 있을 수는 없었고, 태풍에 의한 2차 피해였던 백수(白穗)현상을 근거로 피해에 대한 지원이 이루어질 수 있는 길을 찾아냈다. 그로 인해 상당수 농어민들이 정부의 피해 지원을 받을 수 있게 됐다. 당시 지원을 받은 다수의 농어민들은 충남도정에 무한한 신뢰를 보였다. 그 또한 보람을 안긴 일로 기억된다.

새로운 것을 배운 서산부시장 2년

인생은 하나의 실험이다. 실험이 많아질수록
너는 더 좋은 사람이 된다.
— 에머슨(미국의 철학자)

농림수산국장으로 숨 가쁜 1년을 보낸 뒤 보직을 받은 자리는 서산부시장이었다. 주민등록상 인구가 17만 명에 이르는 서산은 부시장 자리가 부이사관 몫이었다. 산업구조가 1차 산업에서 빠르게 2차와 3차 산업으로 옮겨가고 있는 서산은 인구가 증가세인 것을 비롯해 여러모로 발전지향적인 모습을 보이는 곳으로 서산 부시장 자리는 도청 내 부이사관들이 가고 싶어 하는 자리 중 하나였다. 좋다는 자리로 가면서도 마음 한편이 불편하고 서운했다. 그렇게도 가고

싫었던 내 고향 서천을 더 이상 갈 수 없다는 현실 때문이었다. 인구 6만 명이 못 되는 서천은 서기관이 부군수로 갈 수 있는 곳으로 이미 부이사관이 된 나로서는 갈 수 없는 곳이었다. 규정을 무시하고라도 자리를 강등해 서천부군수로 가고 싶었던 것이 내 진심이었지만 공직사회의 규정상 불가능한 일이었다.

서해안의 중핵도시로 부상하는 서산은 농림수산국장으로 재임하면서 몇 차례 인연을 맺었던 곳이다. 구제역 방역을 위해 문턱이 닳도록 다녔던 곳이고, 태풍 '곤파스' 피해가 발생했을 때도 복구 지원을 위해 하루가 멀다고 다녔던 지역이다. 구제역 방역과 곤파스 피해지원을 위해 다니면서 얼굴을 익힌 많은 지역 주민들은 내가 부시장으로 부임하자 반갑게 맞아주었다. 지역주민들의 피해를 최소화하고 최대한 많은 지원을 받을 수 있도록 노력한 점을 주민들이 인정하고 기억해준 것이다. 그래서인지 주민들과 쉽게 접근할 수 있었고, 무난하게 부시장 업무에 적응할 수 있었다. 2년간의 재임 동안 주민들과 근거리에서 호흡하며 보람된 나날을 보냈다. 주민들 사이에서도 역대 어느 부시장보다 서민적이었고, 지역주민들과 원활히 소통한 인물이었다는 평가를 받았다.

서산부시장으로 재임하던 2011년에도 충남지역에 구제역이 창궐했다. 인접 시·군에서 속속 구제역 발생이 확인돼 서산시도 바짝 긴장했다. 물론 구제역을 방역하기 위해 철통같은 방어벽을 쳤다. 모든 공무원이 동원돼 주민들과 더불어 방역에 나섰다. 도 농림수산국장으로 재임하며 구제역과 한판 승부를 전면에서 벌였던 나는 모든 노하우를 동원해 서산지역의 구제역 침입을 막아내기 위해 사투를 벌였다. 그 결과 인접 당진, 예산, 태안지역이 구제역 피해를 입었지만 유독 서산지역은 단 한 건의 감염 사례도 없었다. 이로 인해 서산시는 주민들로부터 엄청난 행정적 신뢰를 얻기도 했다.

2012년 서산에서 치러진 제64회 충남도민체전을 성공적으로 끝마친 것도 서산부시장 재임 중 잊지 못할 일 중 하나이다. 서산은 2002

년 제54회 도민체육대회를 개최한 이후 10년 만에 두 번째 도민체전을 개최했다. 일단은 무사히 모든 경기일정을 마치는 성공체전을 이끄는 것이 첫 번째 과제였다. 도내 각지에서 찾아오는 수 만 명의 선수단과 응원단이 불편함 없이 경기를 치르고 돌아갈 수 있도록 하는데 소홀함이 없도록 대회를 준비했다. 두 번째 과제는 서산시가 대회에서 상위 입상해 시민들에게 자긍심을 안기는 일이었다. 서산은 2002년 3위에 입상한 이후로 3위권 이내에 입상한 경험이 없었다. 그래서 철저한 준비로 경기력을 끌어올리는데 전력했다. 개최지로서의 이점을 최대한 살려 서산시는 종합우승이라는 금자탑을 쌓았다. 자신의 고장에서 개최된 도민체전에서 종합우승을 차지하자 서산 시민들은 몹시도 흥분하며 승리감을 보였다. 더불어 당시의 도민체전은 내가 체육에 대한 마인드를 확충시키는 계기가 됐다.

시장 권한대행 79일

경험에 의해 얻어진 지식은 값진 것이다.
— R. 애스컴(미국의 교육자)

내가 서산부시장으로 부임했을 때 당시의 시장은 선거법 위반 혐의로 재판을 진행하고 있었다. 부시장으로 활동하던 중 당시의 시장은 대법원으로부터 벌금 180만 원이라는 최종 판결을 받았다. 벌금 100만 원 이상을 확정 받은 시장은 당선무효 처분을 받아 시장 직에서 물러나야 했다. 그러면서 부시장인 내가 시장 권한대행을 맡아야 했다. 부시장으로서 도의상 죄스러운 일이었으나 법적으로 받아들일 수밖에 없는 현실이었다.

시장의 당선무효형 확정과 더불어 나는 79일 간 시장 권한대행 업무를 하게 됐다. 권한대행 업무에 돌입한 나는 전 공무원들을 상대로 세 가지를 강조했다. 그 첫 번째가 선거중립을 엄격하게 시켜달라는 것이었다. 재선거가 준비되고 있는 시점이어서 공무원들이 선거에 개입하지 않도록 하는 것이 무엇보다 중요했다. 두 번째 강조한 것은 인사에 대해 수긍해 달라는 점이었다. 당시 권한대행 자격으로 인사를 단행할 수밖에 없는 상황이었기 때문에 최대한 공정한 인사를 단행할 테니 믿고 따라달라고 주문했다. 실제로 이 때 단행한 인사는 모두가 수긍할 수 있는 원칙에 충실한 인사였다는 칭찬을 받았다. 마지막 세 번째 강조한 것은 시민체육대회의 성공 개최였다. 구제역에 이어 이듬해 곤파스가 몰아쳐 2년 연속 개최하지 못한 시민체육대회를 공무원과 모든 시민이 힘을 모아 성공적으로 치를 수 있도록 역량을 모으자는 주문을 했던 것이다. 결국, 모든 공직자와 시민들께서 내 뜻을 잘 받아주어 대회는 성공적으로 끝났다.

79일 간의 시장 권한대행 업무는 아무런 탈 없이 무사히 마칠 수 있었다. 보궐선거를 통해 새롭게 부임한 신임 시장에게 업무를 인계하고 다시 부시장 자리로 돌아왔다. 본연의 임무로 돌아온 나는 시장을 도와 서산시정이 잘 운영될 수 있도록 남은 임기까지 최선을 다했다. 내가 서산부시장으로 시장 권한대행을 했다는 사실은 고향인 서천 땅에도 전해졌다. 서천 고향민들은 인구 17만 명이나 되는 지역에서 원만하게 시장 권한대행 업무를 끝마친 내게 격려를 아끼지 않았고, 나를 자랑스럽게 생각했다. 내게 관심을 가져주고 격려해주는 고향분들이 너무도 고맙게 여겨졌다. 그러면서 그들을 위해 보답할 길을 찾겠다는 마음을 더욱 굳건히 가지게 됐다.

부시장으로 재직하며 바라본 서산은 부러움의 대상이었다. 내 고향 서천과 견주어보면 같은 서해안에 위치한 충남의 시·군이면서도 너무도 상황이 달랐기 때문이었다. 서산은 산업화가 빠르게 진행되며 인구가 증가하고 지역경제가 활기를 띠고 있는 반면 서천은 인구가 지속 감소하며 여전히 1차 산업으로 대부분의 주민들이 생계를 이어가는 구조를 보이고 있으니 서산에 대한 부러움은 참으로 컸다. 서산이 발전해가는 모습을 지켜보며 느끼는 바가 많았다. 그러면서 서산의 발전상을 거울삼아 서천도 서해안의 중심도시로 부활시켜 내야한다는 생각을 많이 했다. 과거 장항에 제련소와 비료공장이 가동될 때 누렸던 서천의 전성기를 다시 실현시켜 내야 한다는 생각이 간절했다. 그러면서 서산부시장 재임으로 축적한 노하우를 서천에 접목시켜 보겠다는 의지 또한 더욱 강렬해졌다.

정든 공직을 떠나다

강을 거슬러 헤엄치는 자가 강물의 세기를 안다.
— **W. 윌슨(미국의 정치가)**

1981년 11월 경기도 화성군청에서 공직에 첫발을 내디딘 이후 좌고우면하지 않고 오로지 공직자로서의 외길 인생을 걸었다. 2012년 12월 31일까지 무려 31년 2개월을 공무원으로 살았다. 시골 면사무소부터 시작해 시청과 도청을 거쳐 중앙부처인 내무부를 거쳤고, 막바지에는 고향인 충남도로 자리를 옮겨 오랜 세월 축적한 행정적 노하우를 바탕으로 내 모든 정열을 쏟아내며 고향 발전에 이바지할 수 있는 길을 찾았다. 누구를 만나도 공무원으로 살아온 인생이 후회스럽지 않다고 말할 수 있을 정도로 열과 성을 다 바쳐 공직을 수행했다. 감당하기 어려울 정도의 시련도 많았지만 모두 이겨내고 고위 공직자 자리까지 올라갔다.

정년까지는 2년이 남았지만 후배들에게 길을 터주어야 한다는 생각을 가졌다. 그래서 과감하게 명예퇴직을 신청했다. 30년 넘게 몸담았던 조직을 떠나려니 마음 한구석 서운하고 아쉬운 마음이 컸지만 후배들에게 보다 많은 기회를 줄 수 있도록 아름답게 퇴장하는 것이 좋을 것이란 생각을 가졌다.

명예퇴직을 결심했을 때 주위에서 어려운 결심을 했다며 격려해주고 위로해주었다. 공직자가 아니라면 잘 이해하기 어렵겠지만 실제로 공무원 조직은 고위공직자 한 사람이 자리를 내주면 후배들 여러 명이 인사문제에서 숨통을 틀 수 있는 구조를 갖고 있다. 열심히 일하고 평생 공직자로 살아온 많은 후배들이 나 하나의 양보로 보람을 찾을 수 있다면 물러서 주는 것이 합당하다고 생각했다. 그래서 서산 부시장을 끝으로 공직자로서의 기나긴 여정은 끝이 났다.

지난 31년을 돌이켜 생각하면 꿈만 같다. 1년간의 임용 준비를 거쳐 객지에서 처음 시골 면사무소로 출근했던 일부터 성실함을 인정받아 서슬 퍼런 도청 지방과로 스카우트 된 일, 승진도 마다하고 내무부로 전출 간 일, 고향인 충남도로 돌아와 수많은 고비를 넘기며 어려웠던 순간을 극복한 일 등등이 주마등처럼 스쳐간다. 후회 없는 공직생활이었다고는 하지만 내 고향 서천을 위해 몸이 부서지도록 일하면서 서천의 부흥을 위한 초석을 다져보고 싶었지만 기회를 갖지 못한 일은 여전히 가장 큰 아쉬움이다.

하지만 여생을 통해 서천을 위해, 장항을 위해 내 모든 역량을 불사르고 싶다는 간절한 소망은 여전히 유효하다. 공직을 떠난 지금도 내 DNA 속에는 서천사랑의 유전자가 여전히 존재하고 있기 때문이다.

충남체육의 총감독

우리의 지식은 모두 경험에 바탕을 두고 있으며,
지식은 결국 경험에서 나온 것이다.
— 로크(영국의 철학자)

공직을 떠난 이후 나는 충남도의 배려로 충청남도체육회 사무처장으로 보임할 수 있었다. 공무원은 아니지만 여전히 공무를 수행하는 자리이다. 체육인이 아니라면 체육회 사무처장의 역할이나 기능에 대해 잘 알지 못하겠지만 간단히 설명하면 엘리트 체육의 모든 사무를 총괄하는 자리이다. 충남도 내의 모든 체육단체, 체육인, 관련 기관들의 업무를 조정하고 협조체제가 가동될 수 있도록 조율하고 지원하는 기관의 총책임자이다. 올림픽에 출전할 때 대한체육회

장이 대한민국 선수단의 총감독이듯이 전국체육대회를 비롯한 각종 시도대항 체육대회에 출전하는 충남선수단의 총감독 역할을 수행하는 자리가 체육회 사무처장이다. 충남도지사가 충남도체육회장으로 등록돼 있고, 실질적인 행정업무는 도지사를 대신해 체육회 사무처장이 책임을 지고 진행하는 구조이다.

충청권 4개 시·도(충남, 충북, 대전, 세종) 가운데 충남은 유일하게 전국체육대회에서 상위성적을 유지해 충청체육의 체면을 지켜나가고 있다. 반면 선수와 팀을 이끌어 가는데 가장 큰 어려움을 갖고 있는 곳이기도 하다. 대도시가 없는 충남은 세가 열악한 각 시·군이 어렵게 팀을 꾸려 운영해가고 있고, 훈련장이나 경기장 시설 등 인프라도 턱없이 부족한 편이다. 대부분의 학교는 전교생 100명 미만의 미니학교에 불과해 팀을 육성하기가 쉽지 않고, 관내 기업활동도 왕성하지 못해 실업선수단을 육성할 수 있는 여건도 미흡하다. 그렇지만 충남의 체육인들은 이 같은 불리한 여건을 극복하고 타 지역에 뒤지지 않는 실력을 갖추고 전국 상위권 성적을 유지해왔다. 올림픽에서 대한민국선수단의 성적이 국민 사기와 직결되듯 충남선수단의 전국체육대회 성적은 도민의 자긍심과 직접 연결된다. 그래서 충남선수단 전체를 이끄는 총감독 자리는 언제나 어깨가 무겁기만 하다.

체육에 대해 넓은 식견을 갖고 있지는 못하지만 체육인의 사기를 끌어올리고, 그들이 열심히 훈련할 수 있는 토양을 만들어 주기 위한 행정적 뒷받침을 하는 일에는 자신감을 가졌다. "참여와 화합의 충남체육"이라는 큰 목표 아래 취임 직후 최단기간에 업무를 파악했고, 도내 전역에 분포돼 있는 경기단체와 각 팀을 격려하기 시작했다. 그러면서 체육인들과 소통이 시작됐고, 불과 몇 개월 사이에 그들로부터 '믿음이 가는 사무처장'이라는 평가를 받았다. 그러면서 자신감이 생겼다. 짧은 재임 기간에 '사람의 사기를 끌어 올리면 못할 일이 없다'는 평소의 생각을 다시금 깊이 각인할 수 있었다. 우리 선수들이 타 시·도와 직접 맞붙어 승패를 가르는 일을 매일 접하다 보니 충남인으로서의 자긍심이 더욱 커졌다. 체육회 사무처장 자리는 내가 충남인으로서의 존재감을 다시금 되새기는 기회를 제공했다. 아울러 모든 경기가 그러하듯 구성원의 사기를 앙양시키면 다윗이 골리앗을 넘어뜨리듯 누구라도 강한 상대를 제압할 수 있다는 사실을 새삼 깨닫게 해주었다. 기필코 체육강도 '충남'을 실현해 내겠다고 210만 도민들께 조용히 약속해본다.

서해 연어

서용제 지음

발 행 일 | 2013년 12월 3일

지 은 이 | 서용제
발 행 인 | 李憲錫
발 행 처 | 오늘의문학사
출판등록 | 제55호(1993년 6월 23일)
주 소 | 대전광역시 동구 삼성1동 125-6 한밭오피스텔 401호
전화번호 | (042)624-2980
팩시밀리 | (042)628-2983
홈페이지 | http://www.lito77.co.kr(홈페이지)
전자우편 | hs2980@hanmail.net

공 급 처 | 한국출판협동조합
주문전화 | (070)7119-1741~2
팩시밀리 | (031)944-8234~6

ISBN 978-89-5669-584-6
값 15,000원

* 잘못된 책은 바꾸어 드립니다.
* 이 책은 전자책(교보문고)으로도 제작되었습니다.